이번 주 토요일에 시간 어때요?

이번 주 토요일에 시간 어때요?

화운담
둥 글
서현경
최나리
정동오
한
송승민
설지수
보 라

글Ego

토요일의 9호선은 여전히 북적북적했습니다.

평일도 공휴일도 아닌 평범한 토요일 낮에, 다들 어디를 가던 길이었을까요? 고속터미널역에서 내리는 사람들은 본가나 친정에 들르려는 걸까요? 봉은사역에서 내리는 커플들은 아마 코엑스로 데이트하러 가는 것 같고, 휴가 나온 군인은 통화내용을 들어보니 친구들과 만나 술이라도 한잔할 것 같습니다. 그도 아니라면, 이들은 각자의 목표를 이루기 위해 황금 같은 주말에도 집을 나섰던 걸지도 모르겠습니다. 저는 한 편의 글을 남기기 위해 지하철에 올랐습니다.

토요일 두 시, 우리는 서툰 펜을 하나씩 들고 약속 장소에 모였습니다. 서로의 이야기를 한데 모으기까지 얼마나 많은 시간을 녹여내야 했는지 모릅니다. 누군가는 약속 장소에 도착하기 위해 서너 시간 동안 대중교통만 타기도 했고, 다른 저자는 일요일과 평일에도 몇 번이고 글을 고쳐갔습니다. 토요일은 매번 쳇바퀴를 돌듯 다가왔고 우리가 써 가는 이야기 역시 헛도는 것처럼 보였지만, 점차 조여지면서 결실을 볼 수 있었습니다.

그렇게 완성된 원고가 얼마 전 우리의 손을 떠났습니다. 얼마 지나지 않아 그 이야기들은 한편의 책으로 엮여 세상을 비추겠지요. 이제 저는 토요일의 9호선이 북적할지 한동안 알 수 없을 것 같습니다. 독자분 중에서 9호선을 타는 분이 계신다면 알려주셨으면 합니다. 독자분들은 이번 주 토요일에 어떤 약속이 있으신가요? 지인과의 약속이 있나요, 가족들과 여행을 떠나기로 했나요? 그것도 아니라면 이번 주는 집에서 재충전의 시간을 가지고자 하나요? 그렇다면,

"이번 주 토요일에 시간 어때요?"

- 공동저자 中 등글

차 례

이 별 너머에는

화운담

화운담 들꽃과 구름, 노을은 무용하다. 그 자체로는 아무 쓸모가 없다. 먹지도 마시지도 소유하지도 못한다. 하지만 사람들을 살아가게 하는 것은 결국 이토록 무용한 것들이다. 나는 들꽃, 구름, 노을 같은 글을 쓰고 싶다. 사랑하도록 하자. 사랑하는 순간에 유용해지는 것들이다.

instagram: @_see.zip

신은 한 여자 때문에 깊은 고민에 빠졌다. 신은 오랜 시간 동안 자신이 생각에 빠지기 위해 펼쳐 놓은 호숫가에 앉아 있었다. 단순 자살자라면 영혼을 소멸시키면 그만일 것이다. 그리고 만일 사고 사망자라면 환생의 기회 혹은 같은 인생을 이어서 다시 살아 볼 기회, 둘 중 하나를 택하게 해주면 된다. 그런데 자살을 하기 위해 옥상 난간에 서 있다가, 뛰어내리려고 마음먹기 전에 미끄러져서 낙사 하다니. 미필적 고의에 의한 자살? 부작위에 의한 자살? 신은 그 중 어느 것이 적절한지에 대한 판단이 서질 않았다. 결국 신은 태초의 숲으로 내려가 답을 구하기로 마음먹었다.

태초의 숲은 신조차도 함부로 들르는 곳이 아니었다. 그곳은 빼곡하게 자란 신목(神木)들이 끝도 없이 뻗어 올라 세계를 떠받치고 있는 곳으로, 모든 생명의 근원이고 시작이기 때문이었다. 그렇기에 신은 태초의 숲을 만들 때 이 중요한 숲을 지킬 파수꾼이 필요하다고 판단했고, 지금의 코끼리를 만들어 그 역할을 맡기기로 했다. 비록 태초의 숲은 신이 만들었지만 이 숲에서 신조차 직접 보지 못한 모든 생명의 시작을 코끼리는 지켜보았다. 코끼리는 그 덕에 생명들에 관해서 신보다도 많은 깨달음을 얻게 되었다. 친모보다 아이를 더 사랑하게 된 유모처럼 지혜로운 코끼리는 창조주인 신 보다도 생명들을 사랑했다. 그것을 잘 아는 신은 결국 코끼리에게 생명들의 생을 주관하도록 맡겼다.

신이 숲에 들어서자 호기심 많은 흰 오목눈이 새들이 신의 머리 주위를 날기 시작했다. 세 마리에서 시작한 새들의 대열은 금세 열댓 마리로 늘어났고, 그 모습은 마치 신이 눈송이로 된 왕관을 쓰고 있는 것처럼 보였다. 새하얀 로브를 걸치고 길고 검은 머리를 가진 신은, 이제 막 날 수 있게 된 아기 오목눈이 새들이 숲에서 처음 본 생명체이기 때문이었다. 얼마 가지 않아 지혜로운 코끼리는 신 앞에 모습을 드러냈다. 코끼리의 회색 피부는 신비로운 은색 빛이 도는 듯했고 귀 대신에 커다랗고 푸른 나비 날개를 펄럭였다. 신마저 경건해지게 만드는 그 환상적인 날개를 펄럭일 때면 반딧불이들이 생겨나 신목들을 향해 날아갔다. 코끼리는 앞다리를 접어 몸을 낮춘 뒤 신과 눈을 마주쳤다.

"여기까지 오신 걸 보면 가벼운 고민은 아니겠지요."

신은 자신의 역작을 바라보던 황홀한 표정을 채 거두지 못하고 대답했다.

"그렇지. 이거 정말 오랜만이군."

코끼리는 조금 더 자세를 낮춰 신에게 머리를 가까이 댔다.

"그럼 보여주시겠습니까."

신이 코끼리의 이마에 손을 가져가자 코끼리는 눈을 감았고, 코끼리의 푸른 나비 날개는 하얗게 빛을 뿜어냈다. 코끼리의 머릿속에 수연이 죽었던 그날의 순간이 펼쳐졌다.

지독히도 비가 내리는 날이었다. 궂은 날씨에도 도시의 사람들은 밝은 표정을 하고 있었다. 모두가 후련한 기분과 함께 주말에 대한 소박한 설렘을 품고 집으로 향하는 금요일 저녁이기에. 하지만 수연만은 굳은 얼굴로 자신이 살던 빌라 건물의 옥상 문을 열었다. 내심 열리지 않기를 바랐지만, 덜컥 열려버리는 문고리를 돌리며 이러면 정말 별 수 없겠다고 생각했다. 수연은 무기력한 걸음걸이로 난간을 향했다. 수연의 걸음은 마치 시간을 끄는 듯 보였다. 누군가가 불러 주기를 바라기라도 하는 듯이. 난간 앞에 다다른 수연은 핸드폰을 꺼내어 보았다.

'미안해 난 그런 마음이 아니었어. 앞으로 서로 보기 좀 그럴 것 같아.'

어제의 그 질문을 위해 한 달을 앓던 수연이었다. 그리고 너도 사랑이냐는 수연의 몸짓을 당황하며 우정이라 밀어낸, 채하라는 친구가 보낸 문자였다. 수연에게 그녀를 잃어버린 것은 몇 초의 순간이었지만 앓아온 것은 몇 해의 일이었다. 수연은 한 번도 자신의 정체성에 대한 의심을 해본적 없었지만 채하는 단 한 번의 만남으로 수연을 무너뜨렸다. 사람들에게 사랑 받는 것을 끊임없이 의심하던 수연에게, 채하와 보내는 시간은 이해 없는 세상에서 유일한 탈출구였다. 채하는 수연을 배려해 지난 상처를 깊게 묻지 않았고 그 점은 관계에서 수연을 편안하게 만들어 주었다. 그렇기에 채하만큼은 자신에게 전하는 마음들이 온전히 진심이라고 수연은 믿을 수 있었다. 하지만 그냥 마음을 묻어둘 것을. 채하의 단호하고 당황한 태도에 수연은 자신이 한쪽 다리가 없는 테이블처럼 느껴졌다. 나머지 세 개의 다리가 남아있지만 이미 한쪽으로 기울어져 모든 것이 다 쏟아져버린 테이블. 익숙해졌다 생각했지만 상실이라는 감정은 도무지 적응되질 않았고 여전히 쓰라렸다. 핸드폰을 내려놓은 수연은 난간 너머로 다리를 넘겼다. 아래는 보지 않기로 했다. 괜히 마음이 약해질지도 모를 일이니까. 하지만 막상 모든 걸 끝내려고 생각하니 미련들이 밀려왔다.

'방에 불 켜놓고 나왔는데. 매일 밥 챙겨주던 그 고양이는 어쩌나. 내일이 추첨일인데 혹시 연금복권이 당첨된 거라면 어쩌지. 죽으면 이제는 엄마가 찾아오려나. 근데 내가 죽었다는걸 알 방법이 있을까.'

그렇게 생각이 복잡해지고 마음은 약해지려던 때 수연은 난간에서 디딤발을 잠시 고쳐 잡았다. 그 순간 발이 미끄러졌고 난간은 수연에게서 빠르게 멀어져갔다. 수연은 난간을 향해 뻗었던 손을 거둬들이며 눈을 감았다.

코끼리는 눈을 떴다. 몸을 일으킨 코끼리는 신의 고민을 이해한다는 표정으로 생각에 잠겼다. 그 모습을 보던 신은 대답 듣는 것을 체념한 듯 말했다.

"아무래도 처음 옥상에 올라간 의도가 그랬으니, 자살했다고 보고 소멸시키는 게 낫겠지?"

그러자 코끼리는 동요한 얼굴로 서둘러 말했다.

"생을 얼마나 사랑했는지에 따라 결정하시는 게 어떻습니까."

신은 조금은 갈증이 풀린 표정으로 답했다. "그걸 어떻게 판단하면 좋겠나?"

"이곳에 그녀를 불러와 달토끼에게 보내 보면 어떨까 합니다. 그녀에게 직접 생의 흔적들을 모으게 한 뒤 달토끼에게 부탁하라 하십시오. 달토끼가 그것들로 만들어낸 신목의 씨앗을 심어보면 알 수 있을 것입니다. 이것이 원칙에 어긋나는 일은 아닐테지요." 코끼리는 신이 또 소멸이라는 단어를 꺼내지 않을까 걱정하며 서둘러 말을 뱉었다.

"달토끼가 이제 그런 것도 만들 줄 아는가?" 신이 놀라며 물었다.

"하늘을 만든 최고의 대장장이가 신목 씨앗 하나 못 만드는 것이 더 이상하지 않습니까?"

"고맙네. 역시 자네를 찾아오길 잘했어." 신은 그제서야 미소를 보였다.

별 하나 없이 깜깜한 하늘. 아니, 무(無)의 공간 아래 끝 없는 풀밭이 펼쳐져 있었다. 태초의 숲과 실재하는 삶 그 사이, 여백의 세계였다. 달 빛조차 없는 어둠 속을 신목에서 날아온 수 많은 반딧불이들이 날아다니며 밝히고 있었다. 그리고 그 가운데에는 덩그러니 사람크기의 조각상 하나가 서 있었다. 마치 여러 개의 사슴 뿔이 얽힌 기하학적인 모양새의 조각상 이었다. 반딧불이들이 조각상을 스칠 때마다 새하얗게 빛나는 조각상에는 여름하늘의 푸른 돌을 깎아 만든 그릇 하나가

놓여있었다. 수연은 그 조각상 앞에서 눈을 떴다. 수연은 지금 이곳이 어딘지, 아까 옥상에서 대체 어떻게 된 건지 떠올리기 조차 힘들 정도로 타는 듯한 갈증과 가슴 통증을 느꼈다. 절망적인 슬픔과 가슴이 도려내지는 아픔은 동시에 미어터지려고 했다. 격렬한 두 통증 사이에서 수연은 신음을 뱉었다. 일어서지도 못한 채 바닥에 머리를 박고 있던 수연은 조각상의 그릇을 보자마자 달려들어 그 안에 담긴 물을 마셨다. 그 순간 수연은 불타던 온몸이 식는 기분이 들었다. 마음은 생에 그 어느 때도 경험해 보지 못했을 만큼 평온해졌고 머리는 맑아져 그 어떤 판단이라도 이성적으로 할 수 있을 기분이 들었다. 다만 차분해진 후 생을 떠올려보니 중간중간 불탄 필름처럼 무언가 툭툭 끊긴 느낌이었다. 그리고 어딘가 잔불처럼 남은 따뜻한 기억들이 느껴졌지만 그게 뭐였는지는 도무지 기억이 나질 않았다. 수연이 조각상에 차분히 기대어 앉아 죽었던 순간을 떠올리며 이곳이 저승임을 깨닫고 있을 때였다. 신은 어느새 수연의 옆에 와 서 있었다. 수연은 동그래진 눈으로 말없이 신을 바라보았다.

“부르고 싶은 대로 부르거라. 네가 어느 신을 믿었던 그 모든 것이 나란다. 그리고 네 최초의 어머니이기도 하지.” 신은 수연이 무슨 질문을 할지 알고 있다는 듯 먼저 말을 건넸다.

신의 목소리를 들은 수연은 괜히 눈물이 날 것 같았다. 7살 때 돌아가신 아버지와 얼마 후 수연을 이모 집에 맡기고 사라진 어머니. 살면서 부모님 이야기가 나올 때면 수연은 괜스레 고개를 숙였었다. 한참 자신들의 행복한 가정사를 이야기한 후 공감의 눈빛을 바라는 사람들에게 수연은 쓸쓸히 웃어 보이기만 했었다. 하지만 이곳에서 어머니라는 사람이, 아니 신이 자신을 기다리고 있었다는 사실은 수연의 마음에 큰 동요를 일으켰다. 혼자가 아니었구나 싶은 생각이 들게 하는 커다란 존재의 다정한 위로였다. 하지만 이내 수연은 자살을 했으니 지옥에 가게 되느냐고 물은 뒤 고개를 푹 숙였다. 미어터지는 눈물을 숨겨보려 했지만 신이 그 사실을 모를 리 없었다.

"그건 아직 정해지진 않았단다. 지옥. 그래, 우선은 그냥 그렇게 부르기로 하지. 아무튼 그것은 네 세 번의 생이 다 끝나면 그때 판단을 한단다. 이번이 첫 번째 생이니 아직은 아니지."

"그럼 저는 어떻게 되는 건가요?" 수연은 놀란 눈으로 신을 올려다봤다.

"그 판단을 위해 널 여기로 데려왔단다. 그렇지 않았다면 소멸되었거나, 바로 환생문과 전생문 앞에서 깨어 났을거야."

신의 말을 들은 수연은 안도의 한숨을 뱉었다. 덕분에 조금 긴장이 풀린 수연은 깨어났을 때의 통증에 대해 신에게 질문했다. 신은 수연의 옆에 나란히 앉아 얘기를 이어갔다.

"이곳에서 깨어나면 네 죽음을 슬퍼하는 사람들의 고통만큼 네가 아프단다. 많이 아팠니?"

"네. 태어나서 처음 느껴 본 통증이었어요……."

"널 사랑했던 사람들은 지금 그렇겠구나." 신은 나지막하고 다정한 음성으로 답했다.

수연은 처음으로 자신이 목숨을 내던진 것이 이기적인 판단이라는 생각이 들었다. 자신은 금세 잊은 통증이지만 남은 사람들은 언제 없어질지도 모르는 이 통증을 견뎌야 한다니.

“근데 저 물을 마시니까 괜찮아졌어요. 신기하게도.” 수연이 조각상을 돌아보며 말했다.

“저 그릇은 생에 네가 다른 이를 위해 아파하고 흘린 눈물만큼 차오르는 거란다. 그래서 저걸 마시면 이곳에 있는 동안 통증을 잊을 수 있지. 네 생을 냉정하게 바라보게 하기 위해서 네가 사랑했던 이들의 얼굴과 그들과 주고받은 애정들, 그리고 생의 미련들이 잠시 사라지게 해주는 거란다. 그렇기에 누굴 위해 아파해본 적 없는 사람들은 아무리 아파도 텅 빈 그릇뿐이지.”

“그러면 그릇이 빈 사람들은 괴로워서 어떻게 하나요. 진짜 숨도 못 쉴 정도로 아프던데…….”

“걱정할 필요가 없지. 그런 사람들이 이곳에 오는 이유는 네가 표현한 지옥이라는 곳으로 보내기 위해 불러오는 것이니. 다른 생명들을 해하고 상처 입힌 생의 사람들. 그런데 오히려 그런 사람들의 죽음은 누구도 아파하지 않으니 갈증도 통증도 느끼지 않더구나.”

신의 말에 수연은 조금 흥분한 말투로 답했다.

“그러면 너무 불공평하지 않나요? 벌을 받아야죠.”

“그래서 그 사람으로 인해 아파하는 사람들이 겪는 고통만큼의 갈증과 통증을 주기로 했단다.” 신은 무서운 표정을 지으며 말했다. 신의 바뀐 음성과 표정에 수연은 순간적으로 오싹함을 느꼈다.

“그리고는 저 위. 무의 공간에서 영원히 떠돌게 하지. 자기 손조차도 보지 못하는 새카만 어둠 속에서 멈추지 않는 갈증과 통증을 느끼며 머물게 된단다. 환생은 당치도 않고, 소멸조차도 자비롭지." 신은 수연의 눈을 똑바로 보며 힘주어 말했다. "그게 바로 지옥이란다."

신의 말을 들은 수연은 자신도 모르게 침을 삼켰다. 엉뚱하게도 이만하면 잘 살았나 싶어 다행이라고 생각하고 있던 수연은, 이제 자신은 어떻게 되는지 신에게 물어보았다.

"너를 달토끼에게 보낼 거란다. 다만 그 전에 들러야 할 곳들이 있다. 넌 네 생을 마주해야 할 것이야. 별의 호수에서 주운 별빛 조각들을 미끼로 가져가 구름바다에서 네 생의 감정들을 낚아오렴. 그걸 달토끼에게 가지고 가면 신목의 씨앗을 만들어 줄 거란다. 난 그것을 심어보고 너의 삶을 판단하려 해. 네가 가져온 씨앗이 피어오를 수 있을지 없을지는 나도 모른단다. 네가 삶을 대했던 태도에 따라 달라질 테니. 이해하겠니?"

수연은 동화 같은 설명들에 당황했지만, 대략적인 맥락을 알아듣고는 고개를 끄덕였다. 신은 수연의 그런 분위기를 눈치채고 웃으며 말했다.

"전부 이해하는 건 무리겠지. 하지만 걱정하지 말거라. 여정 중에 다 알게 될 테니."

"네 알겠어요. 그럼 어떻게 하면 되나요? 걸어가야 하나요?" 수연의 말에 신은 실소가 터졌다.

"참으로 인간다운 생각이구나. 기다리거라. 이제 곧 도착할 때가 되었으니."

수연은 자리를 털고 일어나 주변을 둘러보았다. 이젠 뭐 고양이 버스라도 오려나 싶던 그 순간, 검은 하늘에서 연둣빛의 오로라가 펼쳐지기 시작했다. 오로라는 파도가 치는 듯 유려하게 흐르며 수연을 향했고, 그 위로는 고래의 울음소리가 청명하게 들려 왔다. 금세 오로라를 타고 나타난 하늘고래는 마치 물속에서 헤엄치듯 사뿐한 몸짓으로 그 위를 날고 있었다. 수연은 뒤늦게 자신이 입까지 벌리고 그 광경에 취해 있었음을 깨달았다. 하늘고래는 자신의 등 위에 한 량의 빨갛고 작은 기차를 얹고 날아왔다. 기차는 어릴 적 수연이 교과서에서 본 증기기관차를 닮은 모양새였고 면을 나누는 모서리들에는 금테가 고급스럽게 휘둘러져 있었다. 기차를 본 수연은 스무 살 시절 가 보았던 홍콩의 각진 트램을 곧장 떠올렸다. 수연이 넋을 놓고 감탄한 사이 고래는 수연의 앞에 가볍게 내려앉았다. 고래가 내려앉아 생긴 바람에서는 싱그러운 꽃냄새가 났다.

"준비됐으면 타도 좋아." 신은 하늘고래를 다정히 쓰다듬으며 말했다. 신의 손길에 하늘고래는 기분이 좋은지 눈을 지그시 감고서 바닥에 꼬리지느러미를 내려놓았다. 수연은 조심스레 고래의 꼬리지느러미를 밟고 올라섰다. 딱딱한 고무 촉감을 예상했던 수연의 예상과 다르게 무척이나 부드럽고 말랑한 촉감이었다. 그 위에 누워 있으면 금세 잠들 수 있을 만큼 포근한 느낌. 수연은 중심을 잡아가며 고래의 등에 올라 기차의 문을 열었다.

기차의 내부는 아늑했다. 누울 수 있을 만큼 충분히 크고 포근해 보이는 보라색 벨벳 소파, 그 앞에는 기차의 외관만큼이나 화려하게 금테가 둘러진 원형 원목 테이블, 그 위 몇 개의 비스킷과 유리병에 담긴 우유, 게다가 밖을 내다볼 수 있는 커다란 양면 통창, 그리고 소파에 앉아 있는 고양이. 잠깐, 고양이? 수연을 발견하고 벨벳 소파 위에서 늘어지게 기지개를 켠 고양이는 자신의 몸을 열심히 핥아대기 시작했다. 바쁘게 그루밍 중인 고양이를 보며 수연은 자신도 모르게 미소를 지었다. 고양이는 턱시도를 입은 것 같은 검고 하얀 털을 가지고 있었다. 호박빛의 눈이 못 견디게 사랑스러운 고양이의 목에는 금색 펜던트가 달린 빨간 목줄이 매어져 있었다. 수연은 조심스레 소파에 앉아 고양이를 쓰다듬었다. 수연의 손길에 고양이는 잠시 그루밍을 멈췄다.

"죽은 와중에도 고양이는 귀여운가 보네?" 고양이가 수연을 똑바로 쳐다보며 말했다.

"어…… 너 말을…… 말을 하는구나?" 잠시 놀란 수연이었지만 기차를 등에 메고 하늘을 나는 고래보다는 덜 신기하긴 하지 싶은 생각이 들었다.

"아니. 너는 못 믿겠지만, 나는 사람 말을 할 줄 몰라. 네가 지금 고양이 말을 하는 거야."

"무슨 소리야. 나는 지금 분명히 사람 말, 그것도 한국말로 말하고 있잖아."

"음…… 그냥 네가 그렇게 느끼는 거지. 이 세계를 전부 이해하려 하지 마. 너한테 지금 다 이해하기에는 무리야." 고양이는 무언가 더 설명하려다 이내 체념한 듯 말했다.

“나는 그냥 이곳의 안내자 정도로 이해하면 돼. 이제부터 저기 저 신은 따라오지 않을 테니까.” 고양이는 앞발을 들어 통창 밖의 신을 가리키며 말했다. 신은 둘의 모습을 창 너머로 바라보다가 왠지 모르게 곤란한 표정을 지으며 돌아섰다.

“그럼 고마운 사람, 아니 고양이네. 고양아, 잘 부탁해.” 수연은 악수하듯 손을 내밀었다. 그러자 고양이는 불쾌한 듯 꼬리를 붕붕 휘두르며 귀를 뒤로 접었다. 그러더니 화난 자세가 무색할 만큼 가볍게 수연의 손을 물었다. 고양이는 바닥에 꼬리를 팡팡 내리치며 말했다.

“내 이름은 콩이야! 고양이가 아니라.” 고양이는 앉은 상태에서 있는 힘껏 가슴을 내밀었다.

수연은 하마터면 웃음이 터질뻔 했다. 이토록 당당한 자태에 ‘콩’이라는 앙증맞은 이름이라니. 이승이나 저승이나 역시 고양이는 사랑할 수밖에 없는 존재라는 생각이 들었다.

“미안해. 콩이야. 내가 실수했네.” 수연은 고양이의 머리를 조심스레 쓰다듬었다. 고양이는 그제야 만족스러운지 눈을 부드럽게 감은 채 갸르릉 소리를 내었다. 그때였다. 하늘고래가 크게 울음을 뱉었고, 이내 고래의 숨구멍에서는 다시 연두색 오로라가 뿜어져 나왔다. 이정표처럼 오로라가 펼쳐졌고, 하늘고래는 그 위를 다시 날아올랐다. 바짝 긴장한 수연이었지만, 막상 하늘에 떠 오른 고래의 등 위는 생각보다 흔들림도 없고 편안했다. 무엇보다 너른 풀밭 위에서 춤추는 수 많은 반딧불이를 내려다보는 것은 생에 다시 볼 수 없는 황홀한 풍경이었다.

“얘기 들었겠지. 우선은 별의 호숫가로 갈거야.”

창가에 얼굴을 바짝 붙인 채 창 너머 풍경을 보던 수연에게 고양이가 말했다. 그리고는 소파에서 뛰어내려 수연의 다리 사이를 왔다 갔다 하며 말을 이어갔다.

“난 잠시 자야 해. 거기 도착하면 꽤 피곤할 것 같거든. 무릎 좀 빌려줄래?”

고양이의 다정한 요청에 수연은 소파에 기대 누워 무릎을 탁탁 두드렸다. 고양이는 수연의 무릎 위로 사뿐히 뛰어올라 그 위에 엎드렸다. 그리고는 이내 목화솜 같은 새하얀 앞발로 수연의 무릎을 꾹꾹 눌러대며 눈을 감았다. 그 모습을 지켜보며 고양이의 따뜻한 체온을 느끼던 수연은 왠지 익숙한 편안함을 느꼈다. 이곳에 온 뒤로 한순간도 풀어진 적 없던 긴장이 풀리자 수연 역시 잠이 오기 시작했다. 수연은 고양이에게 손을 얹고는, 갸르릉 거리는 진동을 느끼며 이내 잠에 빠졌다. 정말 오랜만의 단잠이었다.

얼마간 시간이 흐른 후 수연은 하늘고래가 뱉어내는 커다란 울음소리에 잠이 깼다. 기분 좋은 개운함을 느낀 수연은 창 밖을 내다보았다. 수연은 잠마저 달아나버리게 만드는 아름다운 풍경에 감탄했다. 하늘은 여백을 찾기 힘들 정도로 별들이 가득해 금세 쏟아질 것처럼 보였고, 그 아래 별들만큼이나 빼곡하게 펼쳐진 파란 방울꽃 밭 사이로는 호수가 자리 잡고 있었다. 수연은 아직 채 잠이 깨지 않은 고양이를 품에 안고 밖으로 나섰다. 시원하고 싱그러운 풀냄새를 담은 바람이 불었다. 수연은 맨발로 걷고 싶어져 고양이를 내려주고 신발을 벗었다. 수연은 방울꽃들이 종아리를 간질이는 기분 좋은 촉감을 느끼며 호수를 향해 걸어갔다. 그리고 그 뒤를 기분이 좋아진 고양이가 꼬리를 바짝 세우고 따랐다. 수연이 호수 물가에 멈춰서자 고양이는 수연과 눈을 마주치며 말했다.

"여기가 별의 호수야. 여긴 호수 중심까지 물이 얕으니까 걱정하지 말고 들어가도 좋아." 말을 마친 고양이는 나름 수연을 안심시키기 위해 물가에 앞발을 가져다 댔다. 그러다 앞발이 물에 닿자, 기겁하며 젖은 발을 파르르 떨어 물기를 떨어냈다. 그 모습을 보던 수연은 웃음이 터졌다. 아무도 듣지 않는 곳에서 수연은 표정 따위는 신경 쓰지 않으며 맘껏 소리 내 웃었다. 그 모습을 본 고양이는 젖은 앞발을 핥으며 말했다.

"꼭 노을을 보지 않아도 웃을 줄 아는구나 너."

"응? 노을? 웬 노을이야 갑자기?"

수연의 말에 고양이는 아무 대답도 하지 않은 채 앞발의 털을 정돈하는 것에만 열중했다. 궁금증은 잠시 남겨둔 채 수연은 호숫가에 발을 넣어 보았다. 기분 좋은 시원함이 금세 어깨까지 타고 올랐다. 수연은 걸음을 옮겨 호수에 비친 별 하나에 손을 가져갔다. 그런데 이게 무슨 일인지 반짝이는 별은 수연의 손에 잡혀 들어 올려졌다. 수연의 손에서도 구슬만 한 별은 빛을 잃지 않고 황홀하게 빛났다. 심지어 체온만큼이나 따뜻하기까지 했다. 수연은 고양이를 바라보고 말했다.

"콩이야 이것 좀 봐. 별이 만져지는데?" 놀란 수연은 고양이를 향해 별을 내밀었다.

“그게 별빛 조각이야. 주변을 봐. 몇 개 더 있을 거야.” 고양이가 물가에 앉아 말했다.

수연이 주변을 둘러보자 대략 7, 8개의 별빛 조각들이 더 떨어져 있었다. 그런데 별빛 조각들의 크기는 다 제각각이었다. 방금 주운 별빛 조각은 작은 구슬 크기였지만 떨어진 별빛 조각 중 제일 큰 두 개는 탁구공만 한 것도 있었다.

“근데 이 별빛 조각들은 내 생에 있어서 뭐야? 추억들인가?” 수연은 조각을 주우며 말했다.

“아니. 생에 널 사랑했던 이들의 마음이야. 그 크기만큼 별빛 조각도 크기가 제각각이지.”

“와 그럼 나 무척 사랑받았었나 보네. 이 정도면 나 꽤 잘 살아 온 거 아니야?” 수연의 표정이 한층 밝아졌다.

정말 진심을 다해서 수연을 걱정하고 사랑했던 이들만 흔적으로 여기 남는다고 고양이가 말해주었다. 수연은 유난히 크고 빛나는 별빛 조각을 보며 그토록 자신을 사랑한 존재가 누구였을지 생각했다. 그때였다. 갑자기 방울꽃 밭의 몇 군데가 흔들리기 시작했다. 꽃대가 호숫가를 향해 차례로 불길하게 쓰러졌고, 무언가가 다가오고 있음을 수연은 직감했다. 고양이는 이를 수연보다 빨리 알아챘고 이미 납작 엎드려 엉덩이를 씰룩대는 특유의 사냥 자세를 잡고 있었다. 이를 눈치챈 듯 꽃밭에서 둘을 향해 다가오던 의문의 존재는 움직임을 잠시 멈췄다. 수연은 두려움에 몸이 바짝 굳어 한 걸음도 떼지 못하고 있었지만,

고양이는 이리저리 귀와 눈을 움직여가며 미리 그것의 움직임을 잡으려 하고 있었다.

그 순간 꽃밭 사이에서 고양이만 한 쥐 한 마리가 고양이에게 달려들었고, 그를 신호로 몇 마리의 쥐들이 꽃밭에서 더 튀어나와 호숫가를 향해 내달렸다. 고양이는 재빨리 처음 튀어나온 쥐의 목덜미를 물어 던지고는 비명을 지르며 서 있는 수연을 향해 내달렸다. 수연은 너무 놀라 굳어버린 다리 탓에 꼼짝도 하지 못하고 있었다. 앞발만 물에 닿아도 질겁하던 고양이었지만, 그런 수연에게 달려가는 동작에는 망설임이 없었다. 그때 순식간에 별빛 조각이 들어있는 수연의 주머니를 물고 늘어진 쥐 때문에 수연은 그만 뒤로 넘어지고 말았다. 그를 본 고양이는 재빨리 바짝 세운 발톱으로 쥐의 주둥이를 내리쳤다. 그리고는 수연을 둘러싼 쥐들을 향해 털을 삐죽 세운 채 앞발을 구르며 하악질을 해댔다. 고양이의 기세에 쥐들은 함부로 달려들지 못했고, 숨 막히는 긴장감 속에서 수연은 떨고 있었다. 쥐들은 슬금슬금 뒷걸음질을 치며 고양이의 눈치를 보다가 아직 수연이 채 줍지 못한 탁구공만 한 별빛 조각에 시선을 옮겼다. 하지만 고양이는 그것을 이미 눈치챘고 쥐들 중 한 마리에게 먼저 달려들었다. 고양이가 쥐의 목덜미를 물자 나머지 쥐들이 고양이를 떼어내기 위해 달려들어 고양이의 여기저기를 물기 시작했다. 고양이는 날카로운 비명을 지르면서도 물고 있던 쥐의 목덜미를 놓지 않았고, 발톱을 세워 나머지 쥐들을 연신 할퀴어댔다. 한동안의 격한 몸싸움 끝에 고양이의 기세에 밀린 쥐들은 도망치기 시작했다. 고양이는 그 자리에 앉아 숨을 몰아쉬며 씩씩댔다. 그제야 몸을 움직일 수 있었던 수연은 고양이를 향해 달려가 바짝 엎드려 고양이를 살폈다.

“콩이야! 괜찮아? 다친 거 아냐?” 수연은 금방이라도 울음이 터질 것 같은 얼굴이었다.

하지만 고양이는 숨을 몰아쉬면서도 대수롭지 않다는 듯 대답했다.

“나는 이래 봬도 맹수야. 최고의 사냥꾼이었다고. 그런 내가 저까짓 한심한 쥐들한테 다칠 리 없지. 저런 쥐들도 못 잡을 산책 나온 강아지 취급하지 않아 줬으면 해.” 그러면서도 눈은 여전히 꽃밭을 경계하는 채였다.

“이제 괜찮으니 남은 별빛 조각들을 모아와. 하늘고래도 충분히 쉬었고. 이제 내가 좀 쉬어야겠어.”

수연은 고양이의 말대로 서둘러 나머지 별빛 조각들을 주워 왔다. 그리고는 여전히 꽃밭을 노려보고 있는 고양이를 안아 하늘고래 등의 기차에 올라탔다.

기차에 올라탄 수연은 벨벳 소파에 고양이를 내려주었고, 자신도 옆에 앉아 긴장을 푸는 큰 한숨을 뱉었다. 그러자 허기를 느낀 수연이 테이블에 있던 비스킷 하나를 집어 베어 물었다. 너무나 바삭하고 달콤한 맛에 놀란 수연은 삼키기 아까울 정도의 맛이라 생각하며 천천히 비스킷을 씹었다. 그리고는 고양이에게도 비스킷을 내밀었다. 그러자 고양이는 어이없다는 듯 수연에게 말했다.

“미쳤어? 나 고양이야. 이런 거 못 먹어.”

“아… 미안. 뭐라도 찾아볼게. 네가 먹을 만한 게 있는지.”

말을 마친 수연이 일어서려 하자 고양이는 수연의 허리춤을 앞발로 톡톡 두드렸다.

“여기 들어 있을 거야. 그걸 줘.”

고양이의 말을 들은 수연은 주머니에 손을 넣어 보았다. 그런데 정말로 주머니에는 고양이용 액상 스틱 간식이 들어있었다.

“어? 이게 왜 있지?” 간식을 들고 고양이를 바라보는 수연을 고양이는 채근했다.

“얼른 줘. 나 엄청 배고파.” 고양이는 눈을 반짝이며 말했다. 그 말에 자기 비스킷을 내려놓은 수연은 간식을 뜯어 고양이의 입에 가져다 댔다. 곧 연갈색의 고소한 냄새가 나는 간식이 스틱 봉지에서 밀려 나왔고 고양이는 그것을 차분히 핥아먹기 시작했다. 그저 그런 평범한 맛이라며 고양이가 점잖게 말했지만, 접힌 채 파르르 떨리는 귀와 살랑대는 꼬리는 자신도 눈치채지 못하고 있었다. 수연은 흐뭇하게 웃으며 나머지 손으로 비스킷을 한입 더 베어 물었다.

간식 시간을 끝마친 둘은, 소파에 편히 기대어 다시 하늘을 날고 있는 창밖을 바라봤다. 때때로 들려오는 하늘고래의 울음소리는 마음을 편안하게 만들어주는 무언가가 있었다. 수연은 고양이에게 호숫가에서 달려든 쥐들에 관해 물어보았다. 고양이는 별빛 조각을 먹고 사는 쥐들이라고 설명해주었다. 쥐들에게 별빛 조각을 빼앗기면 구름바다에서 아무것도 얻지 못한 채 달토끼에게 가게 되고, 그러면 환생은 힘들어질 것이라 설명해주었다.

“근데 여긴 다 아름다운 것들만 있는 줄 알았어. 하필이면 끔찍하게도 쥐라니. 어디서 나타난 거야? 신이 보낸 건 아닐 거 아냐.” 수연은 몸서리를 치며 말했다.

“당연하지. 저건 네가 불러온 거야.” 고양이는 수연을 답답하다는 듯이 바라봤다.

“내가? 내가 저런 걸 왜 불러. 난 원래 쥐라면 기겁하는 사람이야. 만약 집에 쥐가 나왔다면 그 집을 버리고 나갈 정도야.” 수연은 아까 쥐들의 모습을 떠올리며 몸서리쳤다.

“저 녀석들은 생에 네가 다른 이들의 마음을 의심한 죄 들이야. 사랑받으면서도 자신이 사랑받지 못할 존재라고 스스로를 미워하며 다른 이들의 사랑을 제대로 받아들이지 못한 죄. 그래서 녀석들은 널 사랑하는 사람들의 마음을 갉아먹기 위해 달려든 거야. 저렇게나 많이 달려든 걸 보면, 너 꽤 스스로를 사랑하지 못했나 봐. 별빛 조각들이 그렇게나 많은데도 말이야.”

고양이의 말을 들은 수연은 자신의 생을 떠올렸다. 사랑받은 기억들은 지금으로서 떠올릴 수 없지만 사랑받았음을 부정한 기억들은 떠올랐다. 자신의 생일을 챙겨주는 친구에게 ‘그저 내가 선물한 걸 갚아주는 거겠지. 나는 마음 다해 챙겨주고 싶을 만큼 좋은 친구는 못되니까.’라며 친구의 진심을 부정한 기억, 진심으로 사랑한다고 말하던 남자친구에게는 ‘내가 좋은 직장에 있으니 이러는 거겠지. 내가 이 회사에서 잘리면 날 떠날 거야.’라며 사랑을 믿지 않은 기억 등, 스스로를 사랑한 기억마저 잊은 채 자신의 생을 객관적으로 바라보니 대체 왜 그랬었나 싶은 생각이 들었다. 고양이는 호수에서 젖은 털 탓에 추워지는지 수연에게 몸을 딱 붙이고 앉아서 말했다.

“인간들은 참 미련하지. 죽어서 이런 걸 직접 봐야 깨닫는다니까. 누군가 밥에 쥐약을 타서 내미는 것도 아니고, 간식에 면도칼을 넣어 주는 것도 아니잖아? 근데 왜 그렇게 다른 사람의 마음을 믿지 못할까. 스스로를 왜 자꾸 다치게 하는 거야.” 고양이는 수연의 손을 핥아 주었다. 수연은 웃으며 고양이를 바라봤다.

“그래, 콩이야. 네 말이 맞아. 사람들은 고양이들처럼 똑똑하지 못한가봐. 결국 못 믿는 게 다른 사람이 아니라 나 스스로라서 그래. 사랑받을 줄 몰라서, 그럴 자격 없다고 생각해서.”

“무슨 자격? 그런 건 아무래도 상관없어. 누군가가 따뜻하게 대해준다면 난 언제라도 가서 핥아 줄거야. 굳이 자격을 따지고 싶으면 아까 달토끼가 만든 조각상 그릇의 물을 기억해. 그것만으로도 넌 사랑받을 자격이 충분하다는 얘기야. 여긴 거짓이 존재할 수 없는 세계니까.”

고양이는 수연의 손길에 편안히 드러누우며 말을 이어갔다.

“나는 다른 고양이보다 높게 뛰지 못해. 그렇게 빠르지도 못한 편이고, 우렁차고 크게 하악질을 할 줄도 몰라. 그렇지만 쥐를 잡는 거라면 난 최고의 사냥꾼이야. 사나운 맹수라고 봐야지. 그럼 어때 너는? 넌 나처럼 용맹하게 쥐를 잡을 수 있는 발톱은 없지만, 사랑하는 사람들을 안아줄 수 있는 팔이 있잖아. 또 나처럼 높은 데서 뛰어내릴 줄 모르는 겁쟁이면서도, 고양이 밥에 약을 타는 나쁜 사람들을 쫓아낼 수 있는 용기가 있잖아. 난 네가 무척 대단하다고 생각해. 그러니 스스로를 조금 더 자랑스럽고 사랑스럽게 생각해도 좋을 것 같아."

수연은 대체 어떻게 하면 이렇게 예쁜 마음들은 동물들에게만 몰아주는지 신이 원망스러울 지경이었다. 괜히 나오려는 눈물을 참고 수연은 다시 한번 고양이에게 악수하듯 손을 내밀었다.

"콩이 네가 없었으면 난 큰일 날 뻔했네. 호숫가에서도, 다음 생에서도. 고마워."

고양이는 대답 대신, 수연이 내민 손에 머리를 콩 하고 부딪히고 얼굴을 비비며 말했다.

"이제 금방이야. 여기서 구름바다는 꽤 가깝거든. 갈 때까지 우리 잠시 이러고 있자."

고양이는 수연의 품에 파고들어 몸을 둥글게 말았다. 수연은 그런 고양이를 아프지 않을 정도로 꽉 안아주었다. 둘은 하늘고래의 다정한 울음소리와 함께 더 높은 곳으로 향하고 있었다.

하늘고래는 은하수를 지나 그보다 더 높은 곳을 향해 천천히 유영했다. 별 들이 하늘고래의 몸에 부딪히면 작은 부스러기로 부서져 날렸고, 그 때문에 하늘의 은하수는 정말로 흐르는 것처럼 보였다. 하늘고래는 곧 하늘의 끝에 도착했다. 이곳에서 하늘의 끝이란 우주 공간이 아닌 구름이었다. 마치 하늘을 통째로 덮은 듯 새하얀 뭉게구름들이 빈틈없이 하늘 그 위의 시야를 막고 있었다. 그 너머로는 연분홍색과 오렌지색 빛들이 신비롭게 구름 벽을 투과하고 있었다. 그 모습을 창

밖으로 지켜보던 수연은 마치 자두 스무디에 거꾸로 뛰어드는 것 같다고 생각했다.

"이제 구름바다에 도착한 거야." 고양이는 수연의 어깨 위에 앉아 함께 창 밖을 보고 있었다.

고양이의 말이 끝나자마자 하늘고래는 구름을 향해 거침없이 날아올랐다. 잠시 구름 속에서 시야가 뿌옇게 변했지만 이내 하늘고래는 구름을 뚫고 힘차게 뛰어올랐다. 마치 지구의 고래가 바다 위로 뛰어오르는 듯한 모습이었다. 수직으로 솟아오른 하늘 고래의 꼬리 지느러미에는 몇몇 구름 조각들이 달려 올라왔지만 금세 사뿐히 제자리를 찾았다.

수연은 자신도 모르게 소리를 내어 감탄했다. 수연이 다섯 살 시절 처음으로 연분홍 노을을 봤을 때 내지른 이후, 뱉어본 적 없는 탄성이었다. 구름바다 위에 펼쳐진 또 다른 하늘은 짙은 연분홍색부터 오렌지색까지 차곡차곡 쌓아 올리고 그 이격을 붓으로 문질러 놓은 듯했다. 하늘고래는 마치 수연에게 그 모습을 자세히 보여주려는 듯 잠시 하늘을 유영하다 구름 위에 내려앉았다.

"구름에 발을 디디면 떨어질 거야. 조심해." 고양이가 기차에서 내리려는 수연을 가로막고 말했다.

"그러면 여기서는 어떻게 해야 해?"

"답답하긴. 하늘고래 머리 위에 앉으면 되잖아." 고양이가 하품을 하며 말했다.

고개를 끄덕인 수연은 고양이를 들어 올려 품에 안고 기차를 나섰다. 황홀한 풍경을 마주한 수연은 깊게 숨을 들이마셨다. 별빛 호수와는 달리 따스한 공기가 기분 좋게 수연을 감쌌다. 수연은 고양이를 안은 채 폭신한 하늘고래의 머리에 올라섰고, 하늘고래에게 잠시 머리를 빌려 달라며 부드럽게 토닥여줬다. 그러자 하늘고래는 대답 대신 숨구멍으로 작은 오로라 분수를 뿜어냈다.

"그런데 이제 뭐 어쩌면 좋지? 낚싯대라도 있어야 하는 거야?" 수연이 앉으며 고양이에게 물었다.

"아니. 그런 건 필요 없어. 별빛 조각을 던지면 알아서 구름 위로 떠밀려 올라와." 고양이는 수연의 품에서 뛰어 내려, 옆에 바짝 붙어 앉았다. 수연은 주머니를 뒤져 별빛 조각들을 꺼냈다. 별빛 조각들은 아직도 빛을 잃지 않은 채 따뜻하게 빛나고 있었다. 수연은 고양이를 바라보며 별빛 조각들을 던지는 시늉으로 질문을 대신했다. 고양이는 고개를 끄덕였다. 수연은 곧장 별빛 조각들을 구름바다를 향해 던졌다. 별빛 조각들이 구름바다에 빠지자 비눗방울이 터지는 소리를 내었다. 그러자 고양이가 기겁을 하며 수연에게 소리쳤다.

"그걸 한 번에 다 던지면 어떡해! 하나씩 던져야 하는거야!" 고양이는 털을 바짝 세웠다.

"어? 진짜? 난 몰랐지! 어떡해 나 그럼? 달토끼한테 물건을 하나도 못 가져가는 거야?" 수연은 당황하여 거의 울 것 같은 표정이 되었다.

"몰라 나도! 이런 경우에는 어떻게 되는지. 원래 별빛 조각 하나에 물건들이 하나씩 올라오게 되어 있단 말이야!" 고양이는 말을 끝내고서 무슨 일이 생기는지 구름바다를 주시하고 있었다.

울상이 된 수연 역시 초조하게 손톱을 깨물며 구름바다를 지켜 보았다. 잠시 후 수연의 바로 앞에 있는 구름바다 표면이 커다랗게 꿀렁이기 시작했다. 꿀렁이던 구름바다 표면은 이내 풍선처럼 탄력 있게 부풀어 올랐고, 곧 부푼 구름바다를 뚫고 커다랗고 하얀 불도그 강아지가 솟아 올라왔다. 하늘고래보다도 3배는 더 커 보이는 강아지가 상체만을 구름바다 위로 내밀었다. 앞발 하나만 해도 수연을 충분히 덮을 수 있을 정도로 커다란 강아지의 입에는 무언가 잘그락거리는 자루가 물려있었다. 강아지는 놀라서 눈을 동그랗게 뜨고 있는 수연을 불만스럽게 쳐다보다 자루를 수연 앞에 툭 내려놓고 말했다.

"정말 해도 너무 하는군." 강아지는 화가 났다는 표현을 하기 위해 눈을 가늘게 떴다. 하지만 수연에게는 그 모습이 마냥 귀여워 보일 뿐이었다. 강아지는 코를 핥으며 말했다.

"구름바다에 별빛 조각이 떨어지면 네가 네 생을 대했던 감정들이 그것들에 달려들어. 크고 격렬했던 감정들이 먼저 달려들어 물기 때문에 엄청나게 빠르단 말이야. 이걸 전부 쫓아서 뛰어다니느라 얼마나 힘들었는지 알아?" 강아지는 앞발을 붕붕 저어가며 부지런히 억울함을 표했다. 그럴 때마다 구름바다에서 달려 올라온 구름 조각들은 비누 거품처럼 하늘을 둥둥 떠다녔다.

"미안해. 몰랐어 정말." 수연은 양손을 모으고 사과했다. "그런데 나는 나쁜 감정밖에 올라오지 않은 거면 어쩌지? 그게 걱정이야. 혹시 너는 직접 가져왔으니 어떤 것들인지 알아?"

수연의 질문에 강아지가 자루를 가리키며 대답했다.

"그것들은 이 안에 들어있어. 다만 네가 볼 수 있게 그 감정들과 관련된 네 생의 물건들로 바꿔놨지. 그게 어떤 감정인지는 말해줄 수 없어. 이곳의 규칙이야. 다만 네가 던진 별빛 조각들의 숫자가 다행히 꽤 되더라고. 그 덕에 부정적인 감정들보다 약하고 작았지만 좋은 감정들도 같이 올라왔다는 것만 알려 줄게." 강아지는 턱을 치켜들고서 선심 쓰는 듯한 말투로 말했다.

강아지의 말을 들은 수연은 자루를 열어 물건들을 쏟아 보았다. 자루 안에서는 한 쪽밖에 없는 신발, 깨진 손거울, 빈 즉석밥 플라스틱 그릇, 드라이플라워 등 의미를 알 수 없는 잡동사니들이 우르르 쏟아졌다. 수연이 물건들을 보며 무엇을 뜻하는지 유추해내려고 애썼지만 도저히 기억해 낼 수가 없었다. 그 모습을 보던 고양이는 수연을 대신하여 강아지에게 물었다.

"조금만 더 귀띔해줄 순 없어? 어차피 신은 모를 테니 거래를 제안하고 싶은데 말이야."

고양이는 수연을 바라봤다. 수연은 눈을 동그랗게 뜨고 무슨 거래를 할 거냐며 고양이에게 귓속말했다. 고양이는 수연에게 기차에 남은 두 개의 비스킷을 이야기해 주었다. 강아지는 어떤 걸 주는지 보고 나서 결정하겠다는 듯 대답을 하지 않고 있었다. 수연은 재빨리 기차로 달려들어 가 비스킷을 가지고 나왔다. 그리고는 팔을 번쩍 들어 강아지에게 비스킷을 보여줬다. 강아지는 수연의 손에 들린 비스킷을 보자마자 귀를 눕히며 침을 흘렸다.

"좋아. 대신 비스킷 한 개에 한 가지씩만 알려주겠어." 강아지는 비스킷에서 시선을 떼지 못한 채 이야기했다. 고양이는 수연을 보고 그러자는 듯 고개를 끄덕였다. 수연은 강아지를 향해 비스킷을 힘껏 던졌다. 강아지는 고개를 쭉 빼서 재빨리 비스킷을 받아먹고는 만족스러운 표정을 지었다. 눈까지 지그시 감은 채였다.

"이거 달토끼가 만든 비스킷이로군. 좋아, 우선 한가지 물건을 골라 봐. 말해주지."

수연은 물건들을 늘어놓고 고민했다. 도무지 가늠할 수가 없으니 아무거나 집어 들고 물어보는 수밖에는 없다는 생각이 들었다. 수연은 결국 한 쪽뿐인 신발을 골라 강아지에게 물었다.

"음, 제일 컸던 두 별빛 조각 중 하나에 붙었던 녀석이네." 강아지는 고개를 끄덕이며 말했다.

"이건 네 엄마가 너를 이모네 집에 맡기고 떠난 날의 감정이야. 네가 울며불며 버스를 탄 엄마를 쫓아가다 벗겨지고 잃어버린 신발이지. 한 마디로 엄마에 대한 원망이야." 강아지는 수연의 표정을 살피기 위해 눈을 슬쩍 아래로 내렸다. 하지만 수연은 전혀 동요하고 있지 않았다. 아마도 조각상의 물을 마셨기 때문일 것이다. 수연은 잠시 생각하다가 고개를 끄덕이며 말했다.

"지금 철저히 객관적으로 생각해 봐도 이해가 가지 않는 일이긴 해. 왜 굳이 어린 나를 두고 떠나야 했을까. 어린아이에게는 다른 무엇보다도 부모와의 유대가 가장 중요하잖아. 나는 엄마랑 떨어져 사는 대신에 더 풍족하기를 바란 적 없었어. 아이한테는 선택권이 없는걸. 그런데 그걸 잘 알고 있는 엄마가 내 의견 한 번 물어보지 않고 그런 선택을 했으면 안 됐지."

고양이는 눈을 감고 수연의 턱에 자기 머리를 부드럽게 문질렀다. 조금씩 떠오르는 기억들에 수연의 감정이 동요하기 시작했음을 고양이는 느끼고 있었다. 강아지는 수연의 이야기를 듣고 황당한 표정을 지으며 말했다.

"엄마를 왜 아직도 원망하는 거야. 엄마가 아팠던 건 스스로 선택한 게 아니야. 너에게 선택권이 없었듯이 엄마도 선택권이 없었지. 그런데도 이미 죽은 사람을 여태 원망 한다는 건 엄마가 많이 서운하겠는데?"

"그게 무슨 소리야? 엄마가 죽다니? 언제?" 수연이 큰 충격을 받은 것은 당연한 일이었다.

"너를 이모네 집에 맡기고 얼마 되지 않아서야." 강아지는 잠시 말을 멈추었다. 잠시 후 뭔가 알겠다는 듯이 고개를 끄덕이며 말을 이어갔다. "아팠다는 걸 너한테 숨긴 모양이로군. 누군가 그걸 일러주지도 않았고 말이야."

수연의 감정은 다시 경계에 서 있었다. 처음 이곳에 왔을 때와 마찬가지로 감정이 터질 것 같지만 밖으로 나오지 못하는 애매하고 괴로운 상태였다. 수연은 다시 타는듯한 갈증이 생기는 것만 같았다. 아무 말 없이 고개만 숙인 수연에게 고양이가 말했다.

"엄마는 네가 세상에 혼자 남겨진 거라 생각하지 않게 하려고 그 사실을 숨긴 거야. 그러니 이제는 너무 원망하지 마. 별빛 조각을 보면 알잖아. 엄마는 널 무척이나 사랑했으니까." 말을 마친 고양이는 수연의 턱을 부드럽게 핥아주었다. 수연은 울음을 참아 내느라 잠긴 목소리로 엄마는 이제 환생 한 것이냐 물었다. 강아지는 고개를 저었다.

"아니. 엄마는 마지막 생이었어." 수연의 표정이 더 어두워지자 강아지는 다급하게 말을 뱉었다.

"하지만 네가 천국이라고 부르는 곳에 있지. 꽤 바쁜 분으로 유명해."

"바쁘다니 뭐가?" 수연은 강아지가 도통 무슨 이야기를 하는지 알 수 없었다. 그러자 강아지는 천국에 가면 사랑했던 사람들을 위해 많은 것을 해줄 수 있다고 설명해주었다.

"엄마는 매일 노을을 그리러 내려가거든. 비가 오고 먹구름이 낀 날도 말이야. 네가 그걸 보면 무척 좋아할 거라고 했어." 강아지는 잠시 수연의 표정을 살폈다. 금방이라도 울음이 터질 것 같은 표정이었다. 하지만 강아지는 다음 말을 하지 않을 수 없었다.

"그러니 못 본 채 그냥 지나치는 일이 없도록 다음 생에서는 하늘을 좀 더 자주 보도록 해."

결국 수연은 여태껏 살아오면서 엄마에 관해 꾹 참아왔던 눈물을 한 번에 몰아서 뱉어내듯 울었다. 미안했다, 사랑했다, 보고 싶다, 너무 외로웠다는 말들을 한꺼번에 합쳐 엉엉 우는소리로 서럽게 토해냈다. 고양이는 조용히 수연에게 얼굴을 기대주었고, 강아지도 두툼하고 커다란 앞발로 수연의 등을 쓸어주었다. 그렇게 둘은 수연이 한참을 울 동안 아무 말도 건네지 않았다.

얼마간의 울음 후 조금 진정이 된 수연은 나중에 엄마와 다시 만날 수 있는 거냐고 물었다.

"생을 사랑하며 살아간다면 너도 천국에 가게 될 테니 아마도 그렇겠지." 강아지가 끄덕였다.

"다행이다." 수연이 눈물범벅인 채로 싱긋 웃었다.

고양이는 수연의 기분이 나아지자 강아지에게 남은 비스킷을 얼른 주자고 말했다. 수연은 강아지에게 비스킷을 던져 주었고, 강아지는 이번에도 재빨리 그것을 덥석 받아먹었다. 강아지는 비스킷을 우물거리며 다음 물건을 고르라고 말했다. 수연은 잠시 고민하다 플라스틱 즉석 밥그릇을 골랐다. 강아지는 조금 놀란 표정을 지었다.

"대단하군. 그게 또 다른 큰 별빛 조각이 붙어있던 녀석인데. 신기하게도 또 큰 걸 골랐어."

말을 끝낸 강아지는 다음 말을 이어가기 전에 잠시 고양이와 수연을 번갈아 보았다. 고양이는 시선을 신경도 쓰지 않은 채, 그루밍에 열중하고 있었다. 강아지는 알겠다는 듯 웃음을 터뜨렸다.

"됐어, 이건. 무척이나 사랑스러운 감정이야. 다만 조금 위험할 뻔했지. 어떤 것을 아무리 많이 사랑하더라도 쓸모없는 네 여생을 나눠주고 싶다는 식의 바보 같은 생각은 안 돼. 언제나 네가 사랑하는 대상들은 절대로 그걸 바라지 않아. 그 어떤 것보다도 스스로를 가장 많이 사랑해야 해. 그래야 다른 것들을 사랑할 여유도 생기는 법이야. 다음 생에서도 명심하도록 해."

수연은 어떤 이를 그렇게까지 사랑했는지 물어봤지만, 강아지는 고개를 저었다.

"다음 생에 알게 될 거야. 그 녀석 무척이나 부럽군." 강아지는 튼튼하게 아프지 말고 크라는 뜻으로 천둥의 신 '토르'의 이름을 붙여준 전생의 반려인을 떠올리며 잠시 생각에 잠겼다.

하지만 고양이는 추억에 잠긴 강아지를 불만스러운 표정으로 쏘아보다 말했다.

"이제 비스킷은 더 없어. 그렇지만 뭐가 좋은 감정인지 부정적인 감정인지 모른 채로 이 물건들을 다 들고 달토끼에게 갔다가는 소멸될지도 모를 일이야. 좀 더 알려줬으면 해."

"뭐? 이 두 가지를 알려준 것만 해도 벌써 규칙을 어긴 거야. 정말로 더는 안돼. 이제 비스킷도 없잖아!" 강아지가 펄쩍 뛰며 말했다. 강아지의 거절에 고양이는 귀를 뒤로 접고 꼬리를 붕붕 소리가 날 정도로 휘둘렀다. 그러다 갑자기 무언가 생각이 난 듯 자세를 고쳐 잡고 앉았다.

"좋아. 그럼 우린 이제 갈게."

고양이의 말에 수연은 가슴이 철렁했다. 고양이의 말대로라면 부정적인 감정의 물건들이 더 많아 피어나지 못하는 신목 씨앗이 만들어질 수도 있기 때문이었다. 수연은 고양이에게 어떻게 좀 해보라는 듯 입 모양으로 뜻을 전달했다. 고양이는 수연을 향해 눈을 천천히 깜빡여 보였다. 그리고는 다시 강아지를 바라보고 말했다.

"달토끼와 신에게 네가 비스킷을 아주 좋아하더라고 전할게. 우린 그 덕에 생의 감정들이 뭐였는지 알 수 있어 좋았다고. 괜찮지?"

고양이의 말을 들은 강아지는 앞발로 구름바다를 휘저으며 화를 냈다.

"너 진짜 나쁜 고양이로구나! 그랬다간 나는 규칙을 어긴 죄로 소멸할지도 몰라! 참 멍청하기도 하지. 내가 고양이를 믿고 거래를 했다니!" 강아지는 탄식을 하며 심각한 표정을 지었다.

"부정적인 감정의 물건들을 알려줘. 그럼 우리 거래는 비밀로 하지." 고양이는 수연의 손에 얼굴을 부비적대며 여유로운 표정을 지었다. 강아지는 분하지만 어쩔 수 없다는 듯 앞발을 내밀어 몇 가지 물건들을 한 쪽으로 툭툭 몰아 치웠다.

"됐지? 대신 이 부정적인 감정의 물건들도 다 챙겨가야 해. 규칙이니까. 그 대신 내가 비스킷을 먹고 감정을 알려줬다는 건 꼭 비밀로 해준다고 약속해줘." 강아지는 나름대로 근엄한 표정을 지어 보였다. 강아지가 이제 돌아가려는 듯 자루를 물기 위해 고개를 숙였을 때였다. 고양이는 강아지가 한 쪽에 몰아 놓은 부정적인 감정의 물건들을 향해 재빨리 달렸다. 그리고는 앞발로 그 물건들을 모조리 구름바다에 다시 쏟아버렸다.

"뭐 하는 짓이야!" 강아지가 깜짝 놀라며 물건들을 줍기 위해 구름바다 속으로 뛰어들었다.

"서둘러! 저 녀석이 다시 올라오기 전에 도망치자!" 고양이는 수연의 소매를 물고 기차를 향해 잡아당겼다. 수연은 남은 세 가지 물건들을 챙겨 고양이와 함께 기차에 뛰어올랐다. 둘이 기차에 오르자마자 하늘고래 역시 기다렸다는 듯 바로 몸을 띄워 날았다. 수연과 고양이는 창문에 바짝 붙어 멀어지는 구름바다를 바라보았다. 뒤늦게 물건들을 주워서 올라온 강아지가 앞발을 붕붕 휘두르며 화를 내고 있었다. 고양이는 그 모습을 쳐다보며 한심하다는 듯 말했다.

"하여튼 강아지들이란. 저렇게 바보 같은 녀석들이 여태 멸종하지 않은게 신기하다니까."

수연은 고양이의 말을 듣고 웃음을 터뜨렸다. 강아지들은 여기서도 고양이들에게 당하고 사는구나 싶었다.

"콩이야. 이제 우리 달토끼에게 가는 거지?" 수연은 고양이를 향해 물었다.

"응. 저기 까지는 금방 갈 거야." 고양이는 노을 끝에 있는 푸른 오로라를 앞발로 가리켰다.

"콩이 네가 아니었으면 진짜 큰일날 뻔했다. 이번에도 고마웠어." 수연은 고양이를 껴안고 소파에 앉았다. 하늘고래는 부드럽게 노을 위를 헤엄쳤고 작아 보였던 푸른 오로라가 어느새 점점 크게 다가오고 있었다.

"좀 늦었구만." 별들이 띄엄띄엄 반짝이는 밤하늘, 달토끼는 자신을 향해 유영하는 하늘고래를 보며 혼잣말을 했다. 달토끼는 밤하늘의 연파랑 빛깔 오로라 위에 서 있었다. 그 주변으로는 망치와 집게 같은 대장간 도구들, 죽은 신목을 베어낸 그루터기, 여름 하늘의 푸른 원석 등이 널브러져 있었다. 잠시 후 하늘고래가 뿜어낸 연둣빛의 오로라가 달토끼의 오로라에 닿았고 하늘고래는 곧 푸른 오로라 위에 내려앉았다. 이내 기차에서 물건들을 들고 내린 수연은 달토끼를 보고 깜짝 놀랄 수밖에 없었다. 귀여운 외모를 생각했던 것과 달리 보송한 털 안으로도 탄탄해 보이는 몸을 가지고 두 발로 선 달토끼를 마주했기 때문이었다. 심지어 수연보다 머리 두 개는 더 큰 달토끼의 털 군데군데에는 검은 재가 엉망으로 묻어 있었고, 새까맣게 검은 눈 사이의 미간은 잔뜩 찌푸린 채였다.

"자네들 꽤나 고생했겠구만." 달토끼는 팔짱을 낀 채 굵은 음성으로 말했다. 팔짱을 끼자 탄탄한 달토끼의 팔근육이 더욱 돋보였다. 수연은 달토끼의 호탕한 분위기에 압도되어 괜히 움츠러들었다. 수연이 대답을 하지 못하고 우물쭈물하자 달토끼는 크게 웃으며 말했다.

"이봐 겁먹지 말라고! 하는 일이 그렇다 보니 좀 거칠어 보일 뿐이네." 달토끼는 긴장을 풀라며 수연의 등을 퍽퍽 두드렸다. 달토끼는 죽은 신목의 그루터기에 앉으며 맞은편의 또 다른 그루터기에 앉으라고 수연에게 권했다. 수연이 고양이와 함께 그루터기에 앉자 달토끼가 말했다.

"좋아. 그럼 자네가 가져온 물건을 보자고."

수연은 발 앞에 물건들을 내려놓았다. 플라스틱 즉석 밥그릇, 드라이플라워, 검은 뿔테 안경이었다. 달토끼는 물건들을 보며 잠시 수염을 만지작 거렸고 곧 수연과 고양이를 번갈아보며 말했다.

"하나라도 부족했으면 위험했구만. 세 개라면 겨우 씨앗을 만들어낼 수는 있겠어."

달토끼의 말을 들은 수연은 안도의 한숨을 쉬며 고양이를 쓰다듬었다. 고양이도 수연의 손길에 눈을 감았다. 둘의 암묵적인 하이 파이브였다.

“좋아. 그럼 만들어 볼까.” 달토끼는 그루터기에서 벌떡 일어나 오로라의 경계 끝, 사람만 한 크기의 둥근 쇳덩이로 다가가 운석 조각 두 개를 강하게 몇 번 부딪혔다. 운석 조각에서는 붉은 불꽃이 튀어 올랐고 달토끼는 그 불꽃으로 쇳덩이에 불을 붙였다. 쇳덩이는 기름을 부은 듯 금세 활활 타올랐다. 수연을 돌아보며 말하는 달토끼의 표정에는 자부심이 넘쳐흘렀다.

“보게나! 이 세계 최고의 대장장이인 나만이 다룰 수 있는 태양 가마라네!”

수연은 갑작스레 느껴지는 태양 가마의 뜨거운 열기에 깜짝 놀라고 말았다. 하지만 달토끼는 아무렇지도 않게 기다란 삽으로 수연의 물건들을 퍼 올렸다. 그리고는 망설임 없이 태양 가마에 삽을 찔러 넣었다. 순간 태양가마에서 푸른 불꽃이 뿜어져 나왔고 곧 불꽃이 시들해지자 달토끼는 삽을 꺼내었다. 이제 삽 위에는 감정의 물건들 대신 붉게 달궈진 네모난 덩어리 하나가 보였다. 달토끼는 집게로 그것을 집어 모루에 올려놓았다. 망치를 집어 든 달토끼가 붉은 덩어리를 내려치자 사방으로 푸른 불똥이 튀었다. 푸른 불똥들은 밤하늘에 날리며 쏟아지는 유성우가 되었고, 수연은 그 광경을 넋을 잃은 채 쳐다보고 있었다. 몇 번의 망치질 후 네모난 덩어리는 이제 호두알만 한 구슬 형태가 되었지만, 여전히 붉게 달궈져 있었다. 달토끼가 옆에 놓인 줄을 잡아당기자 매어져 있던 보름달이 끌려왔다. 달을 태양 가마 앞에 내려놓은 달토끼는 그것을 힘껏 밟았다. 그러자 달에서는 차가운 북풍이 불어 나왔고 이글거리던 태양 가마를 금세 꺼뜨렸다. 태양 가마가 꺼지자 달은 어느새 가느다란 초승달의 형태가 되어 있었다. 하지만 달토끼가 초승달에 입을 대고 바람을 불어 넣자 달은 다시 풍선처럼 보름달로 부풀었다. 달을 다시 하늘에 띄운 토끼는 아직 붉게 달궈진 구슬을 아무렇지 않게 손에 쥐고 수연에게 다가갔다.

“손을 펼쳐보겠나.” 달토끼는 금방이라도 떨어뜨릴 듯 수연의 앞에 구슬을 들어 보였다. 수연이 아직 뜨거워 보이는 구슬에 손 내밀기를 망설이자, 달토끼는 그랬으면 자신도 들고 있지 못할 것이라고 수연을 안심시켰다. 수연은 조심스레 양손을 모아 내밀었다. 달토끼는 수연의 손에 구슬을 떨어뜨렸고 구슬은 금세 식으며 투명하게 변했다. 달토끼는 그 모습을 보며 감탄했다.

“멋지군! 아주 완벽하게 만들어졌어. 이게 바로 신목의 씨앗이라네.”

수연은 씨앗을 들어보았다. 너무도 깨끗하게 투명한 씨앗에는 별들이 비쳤고 온 밤하늘을 한 곳에 담아둔 것처럼 신비롭게 빛났다.

“정말 예쁘네요. 신목의 씨앗이란 거.” 수연은 씨앗 속의 별들을 보며 경이로움을 느꼈다. 그런데 놀랍게도 씨앗은 수연이 손에 쥔 후에도 여전히 밤하늘을 담고 있었다. 수연이 놀란 눈으로 달토끼를 쳐다보자 달토끼는 이제야 진짜 완성이라며 고개를 끄덕였다. 씨앗이 신기했는지 고양이도 수연의 손에 올려진 구슬을 앞발로 조심스레 툭툭 건드려 보았다.

“이제 가도 좋다네. 신목이 꼭 자라나길 빌지.” 달토끼는 수연을 향해 미소 지었다.

수연은 달토끼에게 감사를 표하며 고개를 숙였다. 고양이는 피곤한 듯 하품을 하며 먼저 기차로 향했다. 수연이 뒤따라 기차에 타자 하늘고래는 다시 아래로 유영하기 위해 몸을 띄웠다. 멀어지는 하늘고래를 보며 달토끼는 이번 수연의 여정이 끝나면 기차를 파란색으로 새로 칠해야겠다고 생각했다.

여백의 세계로 돌아온 하늘고래가 사뿐하게 풀밭에 내려앉았다. 신은 수연과 고양이를 맞이하기 위해 이미 기다리고 있었다. 풀밭에 내리는 수연과 고양이를 보며 신은 인자하게 미소 지었다.

“수고가 많았구나. 손에 무언가 꼭 쥔 걸 보니 무사히 신목의 씨앗도 받아온 것 같고.”

수연은 양손으로 소중하게 감쌌던 씨앗을 신에게 들어 보이며 미소 지었다. 고양이는 이미 옆에서 씨앗을 심을 자리를 파헤치고 있었다.

“성격도 급하지.” 신은 벌써 구덩이를 다 파고 앉아서 기다리는 고양이를 부드럽게 쓰다듬었다. 신은 수연을 향해 손을 내밀었다. 수연은 밤하늘이 담긴 씨앗을 신의 손 위에 내려놓았다. 씨앗을 받은 신이 구덩이에 씨앗을 놓으려 다가가자 수연은 결과를 알면서도 왠지 초조해졌다.

“만약에 신목이 자라나지 않으면 저는 소멸하는 건가요?” 수연은 기어 들어가는 목소리로 물었다.

"아마도 그렇겠지. 그건 어쩔 수 없단다. 이곳의 규칙이니."

신은 곧장 구덩이에 씨앗을 넣은 뒤 그 위를 흙으로 덮었고, 품에서 태초의 숲의 코끼리 눈물을 꺼내어 그 위에 떨어뜨렸다. 그러자 주변의 반딧불이들이 순식간에 모여들었고 무언가를 느낀 신은 수연과 고양이를 그 자리로부터 멀어지게 했다. 반딧불이들이 씨앗을 심은 자리에 점점 더 모여들어 꼭 커다란 전구처럼 보일 때였다. 순식간에 땅을 뚫고 작은 묘목으로 자라난 신목은 가지를 뻗치기 시작했다. 여러 갈래로 뻗치는 가지에서는 넓은 잎사귀들이 자라 나왔고 그중 몇몇 잎사귀들은 둥글게 말려 주머니 같은 황금색 열매로 맺혔다. 그 안에서는 반딧불이들이 끊임없이 쏟아져 나왔고 마치 신목의 탄생을 축하하듯 주변을 빙글빙글 돌며 날기 시작했다. 마치 황금빛 고리를 두르고 자라나는 듯한 신목은 수연의 세 배쯤은 커진 크기가 되어서야 성장을 멈췄다. 수연은 그 꿈 같은 황홀한 광경에 넋을 잃을 수밖에 없었다. 그 광경을 함께 지켜보던 신은 본 적 없던 가장 밝은 미소를 지었다.

"다행이구나. 나는 지금 진정으로 행복하단다." 신은 수연의 머리를 쓰다듬었다.

"감사합니다. 감사합니다 정말." 수연은 억지로 눈물을 참으며 신의 품에 안겼다.

"자 이제 선택하렴. 환생해서 새롭게 살아갈지, 지난 생을 이어서 살아갈지." 신은 수연을 안아주며 말했다.

수연은 이미 고양이와 함께 생을 마주한 여정 중에 답을 정해 두었다. 어느새 수연은 자신의 지난 생을 그리워하고 있었다. 스스로를 미워하지 않게 되니 자신의 생이 얼마나 축복받았었는지, 또 자신이 얼마나 사랑받던 사람이었는지 깨닫게 되었다. 또 그런 사랑들을 얼마나 미련하게 밀어내고 있었는지도.

"저 다시 돌아가려고 해요."

"멋진 선택이로구나." 신은 수연의 등 너머로 가볍게 손을 휘둘렀다. 그러자 땅에서부터 푸른 빛줄기가 뿜어져 올라와 허공에 아치형의 문을 그려냈다. 문 너머로는 하얀 빛줄기들이 눈부시게 쏟아져 그 너머를 볼 수 없었지만, 무척이나 따뜻한 온기가 새어 나왔다.

"이제 작별이구나." 신은 수연에게 문을 안내하며 말했다.

"이곳에서의 기억은 전부 잃게 되겠죠?" 수연은 아쉬운 듯 쉽사리 문으로 들어가지 못했다.

"전부는 아니지. 네가 생을 다시 사랑하게 된 마음은 가져갈 수 있단다. 다만 이곳에서 경험한 기억들은 이곳에만 남지. 우리가 다시 보는 날에 네가 기억할 수 있도록 내가 잘 챙겨 놓으마." 신은 말을 마치고서 수연의 발 옆에 앉아있는 고양이를 바라봤다. 수연에게 잠시 기다려 달라 말한 신은 고양이를 안아 들고 수연이 대화를 듣지 못할 거리에 고양이를 내려놓았다. 신은 조심스럽게 설득하는 말투로 말했다.

"네가 인간과 달리 생사를 선택할 수 있는 생명인 것은 내 잘 안단다. 그렇다고 해도 네 여생을 포기하고 저 아이를 도와주기 위해 굳이 죽음까지 택한 이유를 나는 알 수가 없구나."

고양이는 오히려 신의 말을 이해할 수 없다는 듯한 표정을 지으며 말했다.

“수연이는 유일한 내 친구였어. 유일하게 날 살려준 사람이었고. 영역에서 쫓겨나 며칠을 굶으며 비를 피할 곳도 없이 담벼락에 앉아있던 날에 수연이를 처음 만났어. 그날 이후로 수연이는 매일같이 나한테 다정하게 말을 걸면서 엄청나게 맛있는 걸 주곤 했어. 담벼락에 앉아 창밖을 보는 수연이를 볼 때는 항상 슬퍼 보였지만, 나를 만날 때만큼은 밝게 웃곤 했지. 내 덕에 수연이가 행복할 수 있다는 게 난 좋았어. 매일 돌을 던지던 남자와 발을 구르던 아이들을 보면서 사람을 믿지 않으려고 마음먹었지만, 수연이만큼은 믿고 사랑하기로 했지.”

“그 이유가 전부니?”

“응. 그게 다야. 난 수연이가 행복했으면 좋겠거든. 나도 수연이랑 있을 때가 가장 행복하고.”

고양이의 말을 들은 신은 한숨을 깊게 내뱉으며 말했다.

“그럼 저 아이와 다시 이전 생으로 돌아갈 거지?”

“그래야 다시 만날 가능성이라도 있을테니까.” 고양이는 고개를 끄덕였다.

신은 고양이의 빨간 목줄에 걸린 금색 펜던트를 만지작거리며 안타깝다는 듯이 말했다.

“환생에 관한 규칙만큼은 나도 어쩔 수 없단다. 다른 이를 위해 스스로 포기한 생에 다시 돌아가면 어떤 불이익이 있는지 알고 있니?” 신은 마지막으로 고양이의 마음을 돌려보려고 했다.

“응. 나는 이번이 마지막 생이 되겠지. 그리고 우린 서로를 완전히 잊게 될 테고.” 고양이는 팬던트를 쥐고 망설이는 신에게 아무렇지 않은 듯 말했다. “괜찮아. 가져가도 좋아.”

신은 석연치 않은 손짓으로 고양이의 목에 달린 금색 펜던트를 뜯어냈다.

“다시 인연이 이어지지 않을 수도 있단다.” 신은 마지막 기회라는 듯이 말했다. 하지만 고양이는 이미 수연의 옆으로 다가가고 있었다. 고양이가 다가오자 수연은 무릎을 굽혀 눈을 맞추고 고양이의 머리를 쓰다듬었다. 고양이는 수연의 눈을 가만히 바라보다 말했다.

“있잖아. 다음 생에서는 나랑 같이 살래?”

수연은 웃음을 지으며 고개를 끄덕였다. 신은 그 모습을 바라보다 그냥 웃으며 돌아서기로 했다. 그 탓에 태초의 숲에서 코끼리가 날려 보낸 푸른 빛의 반딧불이가 수연의 옷 소매에 숨어 들어가는 것을 보지 못했다.

수연이 퇴원한 다음 날이었다. 수연의 병실에는 많은 사람이 다녀갔고, 수연은 덕분에 무사히 퇴원했다는 감사 전화를 돌리느라 하루를 다 써버렸다. 어느새 하늘에는 분홍빛 노을이 지고 있었다. 수연은 창밖을 보고서 노을 진 초저녁의 공기를 쐬고 싶다는 생각이 들었다.

슬리퍼를 신고 집 밖을 나선 수연은 골목을 휘적휘적 걸었다. 기분 좋은 초저녁의 공기가 사랑스럽게 느껴졌다. 그러다 수연은 문득 발걸음을 멈췄다. 신비롭게 빛나는 파란색 반딧불이를 쫓던 어느 고양이를 마주쳤기 때문이었다. 고양이 역시 수연을 마주치자 반딧불이를 쫓던 것을 멈추고 수연을 바라봤다. 고양이는 턱시도를 입은 것 같은 검고 하얀 털을 가지고 있었다. 그리고 호박색의 동그란 두 눈은 당장 안아주고 싶을 만큼 예쁘게 빛나고 있었다. 수연과 고양이는 멈춰선 채 서로를 바라보았다. 수연은 왠지 고양이를 어디서 본 듯한 느낌이 들었다. 연분홍빛 노을 위로 유성우가 쏟아지던 순간이었다.

꿈의 직장

등글

둥글

본명 안석호. 집돌이의 표본으로 침대에서 둥글둥글하는 것을 좋아한다. 잠드는 것은 싫지만 꿈을 그리고는 싶다. 잉크를 투명한 물로 물들이는 선한 영향력의 존재를 믿는다. 세상에 모난 존재로 자리 잡고 싶지 않아 각을 다듬었다. 하지만 완성된 것은 둥근 원이 아닌 무수한 각들로 연결된 하나의 다각형일 뿐이었다.

email: sokho0514@gmail.com

“이 사원, 일 처리 똑바로 안 해? 이럴 거면 그냥 다 집어치우던가.”

그의 눈앞에서 서류 뭉치가 휘날렸다. 수십 장의 더미는 어느 순간 낱개가 되어 눈덩이처럼 흩어졌다. 남들에게는 이 모든 것이 수초 안에 일어난 일로 보일지도 모르지만, 떨리는 그의 눈동자가 담은 종이 쪼가리는 한 편의 슬로비디오가 되어 마음 한쪽 깊은 구석에 파고들었을 것이다.

“오늘 지각했을 때부터 알아봤어, 일 처리 이따위로 했을 줄.”

정 부장은 욕설을 몇 번이나 더 퍼붓고도 화를 주체하지 못하자 사무실을 박차고 나가버렸다. 사무실에 남은 직원들은 애꿎은 컴퓨터 키보드만 타닥거렸다. 정 부장의 자리 앞에 혼자 남겨진 그는 고개를 푹 숙인 채로 흩어진 서류 종이만을 바라보고 있었다.

그 정적을 깨운 것은 다름 아닌 김 대리였다. 그는 이 사원에게 주변 커피숍에라도 다녀오라며 왼손에 살며시 카드를 쥐여주었다. 그 뒷면에는 ‘김재환’이라고 적힌 그의 사인이 쓰여 있다. 김 대리는 더 말을 할지 말지 망설이다가 조용히 한마디를 이었다.

"어제 늦게까지 야근하는 거 봤어요. 부장님 성격 알잖아요? 그냥 잘못 하나 하면 덤터기로 다 푸는 거. 늦은 건 잘못이지만, 일 처리에 대해서는 영주 씨의 잘못 아니니까 너무 상처받지 마세요."

부서가 요즘 워낙 일이 잘 안 풀리니 정 부장도 답답했을 테다. 하지만 그렇다고 그에게 모든 잘못을 덮어씌우는 것은 명백한 잘못이었다. 분명히 이 사원은 최선을 다했다. 그런데도 하던 일이 잘 풀리지 않자 밤늦게까지 해결하겠답시고 늦게 자게 되고, 그 여파로 다음 날에 정상적인 생활을 할 수 없게 되고, 수면 패턴은 망가지고, 그렇게 반복된 악순환이 이번의 결과를 만들게 된 것이었다. 시간 관리를 제대로 하지 못한 이 사원의 잘못인 걸까, 피곤함을 이겨내면서까지 일하게 만드는 우리의 사회가 잘못인 걸까. 지금까지 담담히 견디던 그였지만 어느 순간 차가워진 눈물이 양쪽 볼을 타고 흘렀다. 김 대리는 위로 차원에서 한 말이었는데, 처음 보는 그의 눈물에 당황한 나머지 어쩔 줄 몰라 하며 그를 달래기 시작했다.

"아, 미안해요. 그냥 위로만 하고 싶었던 건데……. 일단 잠시 바깥 바람 좀 쐬고 오세요. 오늘은 집에서 푹 주무시고요. 부장님께는 제가 잘 말씀드릴게요. 커피숍에서 커피……. 아, 커피는 또 잠 안 올 수도 있으니까, 맛있는 거 하나 사드세요. 비싼 걸로."

김 대리는 그의 등을 가볍게 톡 치면서 웃어주었다. 이 사원은 고맙다는 말을 읊조리며 힘없이 사무실을 빠져나갔다.

"저, 선생님? 선생님!"

한 참여자의 목소리가 그의 정신을 번쩍 깨웠다. 세미나실에 앉은 참여자들은 생각에 잠긴 발표자만을 바라보고 있었다. 분명 지금까지 참여자들의 꿈의 직장 프로그램에 참여하게 된 계기를 듣고 있었는데, 이야기가 끝난 한참 뒤에도 멍을 때리고 있었던 것 같았다.

"어……. 아, 죄송합니다. 한 참여자분께서 말씀하신 이야기를 듣고 과거 생각이 나서요. 저도 예전에는 직장을 다녔거든요. 몇 년 하다가 관뒀지만. 저도 그래서 그 고민을 잘 알고 있습니다. 그것이 제가 이 직장을 차린 이유기도 하고요. 아, 이제 무슨 얘기를 할 차례죠?"

그는 멋쩍게 웃으며 살며시 발표하던 슬라이드를 바라보았다. 화면에는 '수면 습관 개선을 위한 꿈 수면 프로그램'이라는 제목이 적혀 있었다. 하단에는 'Dream Office'라고 적힌 회사 로고와 발표자 이름인 '김재환'이 차례로 쓰여 있었다.

"네, 일단 제 소개부터 다시 드리자면, 저는 꿈의 직장의 수면 연구원 김재환이고요, 이 프로그램을 기획한 대표 책임자입니다. 여러분들의 수면 습관을 개선해드리고, 현실에서의 고민을 해결해드리고자 이 프로그램을 기획하게 되었습니다."

과거의 기억을 떠올리게 한 참여자를 바라보았다. 다시 보니 영주와 닮은 점이 한둘이 아닌 것 같았다. 영주는 '그 일'이 있고 얼마 안가 직장을 그만두었다. 재환은 단순히 영주가 바쁜 업무와 스트레스로 인해 지쳐 내린 결정인 줄로만 알았다. 그 일로 인해 그가 속상해할 수는 있을지언정, 직장까지 그만두게 할 만한 사건은 아니라고 생각했기 때문이다. 하지만 직장 사수로서 그를 누구보다 잘 이해하고 있다고 생각했던 믿음이 산산이 조각나게 된 것은 회사 내에서 있었던 추악한 진실을 마주하게 된 뒤였다. 회사 내의 괴롭힘과 영주에게 쏟아졌던 과한 업무량은 영주의 선한 인품을 악용하여 철저하게 계획된 정 부장의 각본이었다. 그로 인한 스트레스와 과로로 영주가 죽자 회사는 그의 죽음을 퇴사 후 잠적한 것으로 덮었다. 재환은 그 진실을 세상에 알리고자 했지만, 이미 입증할 만한 증거는 폐기된 뒤였다. 재환은 자신의 무관심이 영주를 죽음으로 몰아넣었다는 죄책감에 그를 마음 한 구석에 깊이 묻어두었다. 그러고 나서야 재환은 부끄러운 사직서를 들 수 있었다. 그에게 더 관심을 가졌다면, 직장 내의 추악한 진실을 더 일찍 알아챌 수 있지 않았을까. 그랬다면 영주의 이야기는 지금까지 계속되지 않았을까. 그 누구보다 평범한 삶을 살고 싶다던 그의 꿈을 이룰 수 있었을까.

"……아, 또 딴생각을 했군요. 죄송합니다. 본격적으로 프로그램을 시작하기 전에 어떤 체험을 하게 되는지, 또 어떤 원리로 진행되는지 간단히 설명해 드리고자 합니다. 일종의 가이드 같은 형식이니 다음부터는 이곳 세미나실로 오지 마시고, 다른 분들처럼 저쪽에 보이는 수면실로 이동하시면 됩니다."

다시 정신을 차린 재환은 마이크를 든 손으로 수면실 위치를 가리켰다. 참여자들은 재환의 손가락이 가리키는 곳을 일제히 바라보았다. 세미나실의 통유리 밖으로 '수면실'이라고 적힌 문이 보였다. 모든 이의 시선이 통유리로 향해 있는 사이에 재환은 발표 자료를 다음 슬라이드로 넘겼다. 슬라이드 중앙에는 크게 '꿈'이라는 키워드가 적혀 있었다. 꿈을 중심으로 왼쪽에는 악몽을, 오른쪽에는 길몽을 꾸는 사람의 그림이 나타났다.

"사람들은 하루에도 서너 번씩 꿈을 꾼다고 합니다. 우리는 이를 대부분 기억하지 못할 뿐이죠. 꿈은 현실에서 일어난 일들을 정리하는 청소기 같은 역할을 합니다. 뇌는 현실에서 하루 동안 정리되지 않은 부분을 꿈에서 해결해가면서 정신적인 피로를 풉니다. 이 중요한 역할을 하는 꿈을 꾸지 않거나, 그 꿈이 악몽이라면 어떻게 될까요?"

재환은 악몽을 꾸는 그림에 손을 가까이 댔다. 악마 그림은 움직이면서 자고 있던 사람 그림을 괴롭히기 시작했다. 사람의 얼굴은 평온한 얼굴에서 두려움에 떠는 얼굴로 바뀌었다.

"잠을 제대로 잘 수도 없거니와 잠들더라도 금방 잠에서 깨버리겠죠. 수면 패턴이 망가지는 건 물론이고 정신적인 문제까지 나타날 겁니다. 따라서 여러분들이 수면 습관 개선을 위해서는 긍정적인 꿈을 많이 꾸는 것이 중요합니다. 이렇게 말입니다."

악마 그림에서 손을 떼고 슬라이드 오른쪽에 있는 천사 그림에 가져다 댔다. 참여자들의 시선도 악마 그림에서 천사 그림으로 옮겨졌다. 천사는 악마를 자신의 마법 봉으로 때려 물리치고 덜덜 떨고 있는 사람을 꼭 안아주었다. 그러자 사람 그림은 천사에 안겨 웃는 모습으로 잠이 들기 시작했다. 참여자들도 그림 속의 사람에 이입했는지 애니메이션이 끝난 뒤로도 연한 미소를 남기고 있었다.

"이 프로그램은 여러분들에게 천사 같은 존재가 될 수 있도록, 여러분의 꿈을 기억하고 통제할 수 있도록 해드릴 것입니다. 일종의 자각

몽을 하게 해주는 체험이라고 생각하시면 됩니다. 고민□걱정이 있거나 현실의 벽에 가로막혀서 이루지 못하는 일들이 있다면, 이번 프로그램으로 많은 것을 해결하실 수 있을 것입니다."

긴 설명이 끝나고, 재환은 다시 그 참여자를 바라보았다. 이번에는 반드시 영주가 지났던 길을 반복해서 걷게 하지는 않을 것이다. 그러면 하늘 위에 있는 그도 나를 용서해주지 않을까. 아니, 용서까지는 바라지도 않는다. 끝까지 이기적이게도, 내가 더는 이 일로 죄책감에 빠지지 않도록만 바랄 뿐이었다. 재환은 넘어오는 먹먹함을 애써 머금어가며 발표를 마무리했다.

"자, 그럼 지금부터 체험을 시작해볼까요? 꿈의 직장에 오신 것을 환영합니다!"

모니터에 참여자의 수면시간이 뜨고 있다. 참여자들이 꾸는 꿈이 무엇인지는 정확히 알 수 없지만, 수면시간 밑에 뜨는 뇌파의 모양이 그들의 감정을 대신하고 있다. 한 참여자의 뇌파가 급격히 흔들리더니 움직이던 수면시간이 멈추고 잠에서 깨어났다.

8시간 22분.

재환은 모니터링을 잠시 멈추고 막 잠에서 깬 참여자에게 다가갔다. 아직은 잠에서 덜 깨서인지 눈은 조금 풀려 있었지만, 누가 보더라도 행복해하는 표정이었다.

"좋은 꿈 꾸셨나 보네요. 더 주무셔도 괜찮아요. 보통은 머리 주변에 붙인 뇌파 탐지 센서가 낯설어서 첫날부터 길게 잠들기 어려워하는데, 이 정도면 길게 주무셨네요."

"아뇨, 저 다 잤어요. 와, 이렇게 꿈이 생생했던 적은 처음이에요!"

참여자는 아이처럼 해맑게 웃으며 방금까지 꾸었던 꿈의 내용을 풀어댔다. 그녀는 마케팅 관련 업무를 하는 사람인데, 최근 잇따른 경기침체와 사람들의 선호도 변화로 마케팅을 맡은 상품들이 모두 적자가 났다. 그것이 현실에서의 가장 큰 스트레스였던지, 꿈에서도 상품들을 어떻게 마케팅할지를 계속 고민하였다. 그러던 도중 꿈에서 새로운 영상 소재를 떠올렸는데, 짧으면서도 중독성이 있는 박자와 춤으로 많은 사람이 제품에 관심을 가지기 시작했다고 했다. 결국 홍보 상품은 점차 사람들의 입소문을 타면서 초대박이 났다. 그렇게 신나게 꿈의 이야기를 풀어나가던 참가자는 그것이 모두 꿈에서만 일어난 일임을 알고 금세 시무룩해졌다.

"하지만 이 모든 이야기는 꿈에서만 일어난 일이잖아요. 현실에서는 달라진 게 없는걸요."

입을 벌리며 참여자의 이야기를 듣던 재환은 웃으며 참여자를 다독였다.

"아뇨, 그렇지 않아요. 이번 수면 프로그램을 계기로 참신한 아이디어 하나를 얻었잖아요. 모든 일의 시작에는 아이디어가 가장 중요한 역할을 합니다. 그 생각을 현실에서 발전시켜보세요. 꿈에서 번뜩인 아이디어는 절대 허투루 나온 생각이 아닐 겁니다. 현실에서도 이에 대한 고민을 충분히 많이 했기 때문에, 꿈에서 그 고민을 정리하면서 나올 수 있었던 거예요. 이 기억을 잊기 전에 꼭 메모해두세요."

오고 가던 얘기가 끝나갈 때쯤, 다른 참여자들도 속속 깨어나기 시작했다.

“자, 다 주무셨다면 오늘의 수면 프로그램은 여기까지입니다. 이마에 붙인 패드는 떼서 왼쪽에 놔두시고 가시면 됩니다. 저는 다른 분과도 이야기를 나눠봐야 해서요. 나중에 또 고민이 많이 쌓이면 방문해주세요. 그러면 조심히 들어가세요.”

참여자는 고맙다며 한층 자신감 있는 표정으로 수면실을 빠져나갔다. 재환은 다른 참여자들의 이야기도 들어보며 꿈에서 일어난 이야기를 전해 들었다. 한 참여자는 대입을 준비하는 학생이었는데, 아무리 공부해도 성적에 유의미한 변화가 없었다. 그래서 꿈에서 무려 열 가지가 넘는 공부법들을 시뮬레이션해보았고, 그중에서 본인에게 가장 잘 맞던 두 가지의 공부법을 찾았다고 했다. 또 다른 참여자는 연구소에서 일하는 선임 연구원이었다. 그는 본인이 주도하는 실험으로부터 원하는 결과가 나오지 않자 관련 연구 지원이 곧 중단될 예정이었고, 그로 인한 스트레스가 이만저만이 아니었다. 그는 매번 예상과는 다른 결과가 나오는 이유를 알기 위해 꿈을 통한 다양한 사고실험을 해보았고, 평소에 그가 가볍게 넘겼던 하나의 가정이 완전히 잘못되었음을 깨달았다. 연구원은 꿈 수면 프로그램이 끝나자마자 재환이 물어보는 필수적인 질문에만 간단히 대답하고는, 입고 온 재킷을 들고 부리나케 꿈의 직장을 뛰쳐나갔다. 그렇게 하나둘씩 상담이 마무리되었다.

“네, 조심히 들어가세요. 안녕히 가세요……. 어, 영주 씨? 아, 아니죠. 성함이……. 박기범 씨구나. 가장 늦게 일어나셨네요. 잘 주무셨나요?"

기범은 한참 동안 재환을 바라보다가 눈물을 터뜨렸다. 말을 하지 않아도 그간 다니던 회사에서 얼마나 많은 일이 있었을지 직감할 수 있었다. 재환은 그런 기범을 한동안 꼭 안아주었다. 기범이 흘리는 눈물은 재환의 등을 타고 천천히 흘러내렸다.

"……. 선생님. 저 이제 그만 안아주셔도 괜찮아요."

재환은 그를 천천히 놓아주었다. 그는 조심스레 회사에서 있었던 일과 꿈에서 꾸었던 일을 물었다. 기범은 그동안에 겪었던 직장 내의 괴롭힘, 상사의 심한 욕설, 셀 수 없을 정도의 업무량 등의 충격적인 진실을 그에게 솔직하게 털어놓았다. 그 이야기는 재환의 마음속에 깊이 닫아둔 영주의 기억을 완전히 풀게 했고, 그것에서 나오는 주체할 수 없는 분노와 죄책감에 이성을 잃을 뻔했다. 기범은 그런 재환에게 괜찮다며 오히려 덤덤히 고맙다고 이야기했다. 재환은 그 말을 들은 순간에야 진정하고 화를 가라앉힐 수 있었다.

"그렇군요……. 죄송합니다. 제가 흥분하면 안 되었는데, 저도 모르게 화가 나서……."

"괜찮아요. 오히려 제 이야기에 이렇게까지 공감해주셔서 너무 감사했어요. 꿈에서 꾸었던 직장은 정말 제가 꿈에 그리던 직장이었어요. 꿈을 꾸는 내내 내무 행복했어요. 일을 실수해서 꾸중은 들었을지언정, 그 외의 일에는 모두 친절한 말로 저를 대해줬고요. 정시에 일을 마치고는 친구들이랑, 그리고 가족들이랑 놀러 가기도 했어요. 제가 처음에는 실수를 많이 했지만, 나중에는 그래도 곧잘 일했거든요?

그래서인지 이번 달에는 무려 10%나 월급을 올려줬어요. 처음으로 친구들한테 술을 사줬더니 저보고 요즘 잘나가나 보내요. 그래서 꿈의 직장에 다닌다고 했어요. 그게 오늘 제가 꾼 꿈의 마지막 이야기에요. 저, 이제는 다니던 회사에서도 어떻게 해야 할지 알 것 같아요. 저, 여기 오기 전까지는 별생각이 다 들었는데, 이제는 자신감이 생겼어요. 한 번 힘 내볼게요. 감사합니다."

기범에게 자신감을 주었던 것은 꿈꾼 이야기들 덕분일까, 아니면 그의 이야기를 들어준 재환의 덕분일까. 재환은 그동안의 힘듦과 서러움을 토해낸 기범을 한 번 더 안아주었다. 재환은 참여자들 앞에서 애써 참아보려 했던 눈물의 무게를 결국 견디지 못했다. 그 눈물이 충분히 가벼워진 뒤에야 재환은 기범의 이마에 붙인 패드를 떼면서 이야기했다.

"마지막까지 좋지 못한 모습을 보여드려 죄송합니다. 오늘의 꿈 수면 프로그램은 여기까지입니다. 고민 있으면 언제든지 찾아와주세요. 조심히 들어가세요."

그날 이후, 뉴스 기사에는 익숙한 소식이 속속히 들려오기 시작했다. 가장 먼저 들려온 이야기는 마케팅 업무를 하던 참여자의 이야기였다. 그녀가 다니는 회사는 지난 분기에 역대 최고 매출을 달성했다. 중독성 있는 홍보 영상이 제품보다 더 입소문을 탔기에 제품명은 몰라도 영상을 모르는 사람은 없을 정도였다. 이후 기대 이상의 품질로 리뷰어들의 입소문을 타면서 제품까지 유명해진 뒤였기에 실적 발표를 하기 직전에도 최고 매출은 예견된 결과였다. 다른 기사에서는 연구원 참여자의 소식을 전해 들을 수 있었는데, 연구하던 분야의 논문이 세계에서 손꼽는 학술지에 게재되었다는 내용이었다. 그 기사의 최상단에는 팔짱을 끼고 환하게 웃고 있는 연구원의 사진이 올라가 있다. 며칠 전에는 대입을 준비하는 학생과 그의 부모님이 재환에게 감사 인사를 전하러 꿈의 직장으로 찾아왔다. 얘기를 들어보니 이번 모의고사에서 처음으로 전교 1등을 했다고 한다. 앞으로의 꿈이 뭐냐고 묻는 그의 질문에, 꿈의 직장과 같은 사회에 도움을 주는 기관을 만들고 싶다는 학생의 말을 듣고 마음이 뭉클해졌다.

그러던 어느 날 누군가 사무실 문을 두드렸다. 꿈의 직장의 출입문이 열리더니 특히나 근황이 궁금했던 반가운 얼굴이 나타났다. 재환은 그를 보더니 '기범 씨!'라며 외치고 싶었지만, 그는 그 인사에 대답할 분위기가 아닌 모양새였다. 반가움에 웃음기가 가득했던 재환은 자기 입꼬리를 누른 채 그를 조용히 떠보았다.

"오랜만이에요, 기범 씨. 어떤 일로 오셨나요?"

"……. 꿈 체험을 한 번 더 하고 싶어서요."

재환은 내심 기범의 꿈 체험 이후의 이야기를 듣고 싶었다. 회사에서 따돌림을 주도하던 사람들이 그에 마땅한 처벌을 받았다던가, 업무량이 줄어서 퇴근 시간 이후에 평범한 삶을 즐기는 이야기라던가 말이다. 그의 표정으로부터 예상했던 말이지만 그 말을 직접 들으니 기분이 묘하다. 사실 꿈 체험은 일종의 상담과 치료이기 때문에, 정신적 스트레스와 수면 습관의 정도에 따라 반복해서 참여할 수도 있다. 한 번

꾼 꿈이 현실의 모든 문제를 해결해줄 리는 없기 때문이다. 실제로 일부 참여자들은 본인의 생각을 정리하고 결정하기 위해 주기적으로 꿈의 직장을 찾기도 했다. 그러나 재환은 영주가 견뎌왔던 길을 알기에, 기범이 가야 할 방향 역시 쉽지 않을 것임을 어느 정도 알고 있었다. 기범에게는 생각을 정리하는 것 이외에 더 본질적인 해결책이 필요했다.

“그래요. 설명은 이미 들었으니까, 바로 꿈 수면을 해보도록 하죠. 하지만 제가 기범 씨가 어떠한 꿈을 꾸는지는 알 수가 없으니, 깨어나면 저에게 꿈꾼 내용을 얘기해 주세요.”

꿈 수면이 진행되고 모니터에는 기범의 수면시간이 흐르기 시작했다. 그의 감정은 화면 중앙에서 파동의 언어로 쓰이고 있다. 그것은 마치 돌멩이가 던져지기 직전 고요한 호수와도 같았다. 그만큼 본인의 꿈에 완전히 몰입하고 있다는 의미였다. 오히려 진동이 너무 잔잔하고 규칙적이어서 어색할 지경이다. 천연, 돌멩이를 던져주길 원하는 것처럼 말이다.

14시간 17분.

기범이 정신을 차렸을 때는 한나절을 훨씬 넘긴 시각이었다. 오랜 시간 잠에 취해있던 탓인지 잠에 깨고서도 한참을 꿈의 세계에 갇혀 있었다.

“정신이 드셨나요? 예전보다 더 길게 주무셨어요. 이번에는 어떤 꿈을 꾸셨나요?”

“……. 전에 꾸었던 꿈의 뒷이야기요.”

분명 처음으로 꿈 수면을 한 뒤와 같이 행복해 보이는 그였지만, 그때처럼 재환에게 주저리주저리 말해주는 일은 없었다. 재환에게 본인의 고민을 말한다고 크게 달라지지는 않는다는 것을 그도 알았던 걸까. 현재의 그에게 가장 도움이 되는 것은 한 마디의 따뜻한 말보다 한 편의 기분 좋은 꿈일지도 모른다.

"기범 씨, 요즘 회사 생활은 할 만한가요?"

"……."

"지금 말하기 어려우면 나중에 말해주셔도 괜찮아요. 하지만, 우리 이거 하나는 약속해요. 마음이 정리됐을 때, 언젠가는 꼭 말해주기로."

그러나 기범은 나중에 말해주기로 하겠다는 그 한마디에도 결국 대답하지 않았다. 그저 다음에 또 오겠다는 말과 함께 작별 인사를 할 뿐이었다. 재환은 한참 동안 그의 마지막 말을 혼자서 몇 번이고 되뇌었다.

기범이 약속했던 대로, 그는 얼마 뒤에 꿈의 직장을 다시 찾았다. 그리고는 긴 꿈을 꾸곤 다시 돌아가기만 했다. 달라지는 부분이라면 그러한 날들이 더 자주, 빈번히 반복되었다는 것이었다. 꿈을 꾸는 시간도 점차 늘어나더니, 어떤 날은 하루를 훌쩍 넘도록 잠에서 깨어나지 않기도 했다. 야위어가는 그의 모습이 눈에 선했다. 한도 끝도 없이 늘어지는 수면시간에 더는 재환도 가만히 손을 놓고 있을 수는 없는 노릇이었다. 잠자리에 든 지 하루를 넘어 이틀 가까이가 되던 때, 재환은 처음으로 잠들어 있는 기범에 손을 가져다 댔다.

"기범 씨, 기범 씨! 그만 일어나셔야 합니다. 너무 오래 주무셨어요, 너무 많은 수면은 일상생활에 영향을 줄 수도 있습니다!"

평온한 웃음이 가득하던 기범의 표정은 잠에서 깨자마자 순식간에 싸늘한 표정으로 바뀌었다. 기범은 꿈 수면을 통해 본인이 현실에서 이루지 못한 꿈을 마음껏 실현하고 있었다. 그런데 오늘 처음으로 기범의 의지와는 별개로 꿈이 끊긴 셈이다. 그는 꿈을 통해 본인이 그리는 새로운 현실을 만들어가고 있었다. 그러한 새로운 현실마저 진짜 현실의 벽에 의해 무너짐을 알게 된 기범이 느끼는 감정은 어떤 기분일까.

"저를……. 왜 깨우셨어요? 왜 깨우신 거냐고요."

지금껏 기범에게서 들을 수 없었던 가장 진심 어린 말투였다. 기범의 목소리는 수면실 전체를 진동하기 시작했다. 잠잠했던 다른 수면 프로그램 참여자들의 뇌파도 그의 목소리를 따라 술렁이고 있었다. 하지만 재환도 더는 물러설 수 없는 상황이었다. 꿈과 현실을 점차 구분하지 못하는 기범에게 확실한 한 마디가 필요했다.

"기범 씨, 꿈을 아무리 길게 꾼다 한들 꿈이 현실이 될 수는 없어요. 처음에도 말씀드렸잖아요, 꿈 수면 프로그램은 현실의 문제를 해결하기 위한 수단입니다. 사람이 현실을 버리고 꿈만 좇을 수는 없음을 기범 씨도 아시잖아요."

하지만 이러한 설득이 기범에게 먹힐 리가 없다. 꿈의 직장에서 나와 현실을 마주하는 순간마다, 그는 매번 같은 고민을 했을 것이다. 그리고 그의 다짐 또한 항상 같았다. '할 수 있다'. 이 한마디를 꿈의 직장에서 나온 후 얼마나 되뇌었는지를 재환은 알 수 없을 것이다.

"문제 해결이요? 선생님도 아시잖아요. 꿈이 모든 것을 해결해주지 못한다는 걸. 제가 직장 상사로부터 사과받는 꿈을 꾸면 현실에서도 그렇게 되나요? 현실에서 직장 상사가 진심으로 미안하다며 무릎 꿇고 싹싹 빌기라도 하나요? 천만에요. 꿈은 스스로가 고민하다 정리되지 않은 것을 해결해줄지는 몰라도, 제 외적인 문제까지 해결해줄 수는 없어요. 처음에는 저도 꿈에서부터 많은 것을 느끼고 현실의 제가 노력하면 모든 일이 해결될 줄만 알았어요. 그런데 더 무서운 게 뭔지 알아요? 이번에는 진짜 해결될 수 있겠다고 잡은 마지막 지푸라기마저 무너지는 것을 경험할 때 느끼는 상실감이에요. 내가 애써 꿈에서 꿰맨 상처의 실밥이 현실에서 터지고, 곪고, 곪은 게 다시 터질 때 느끼는 아픔을 직접 겪어 본 사람이 아니라면, 그 말 함부로 못 해요."

어느 순간 참여자들은 하나둘씩 꿈에서 깨 소리의 근원지를 쳐다보고 있다. 왜 저 참여자는 연구원에게 화를 내고 있는가? 수면 프로그램의 부작용인가? 나도 계속 꿈 수면을 하다 보면 저렇게 되는 걸까? 의심은 꼬리에 꼬리를 물며 부풀려지고 있었다. 웅성대는 소리로 수면실이 순식간에 어수선해졌다.

"꿈에서 꾸었던 직장은 정말 제가 꿈꿔왔던 직장이었어요. 그런데 현실이 알려준 것은, 꿈의 직장은 말 그대로 꿈에 불과하다는 것이었죠. 이제 제가 꿈꿔온 건 현실에 없어요. 그러니 더는 저를 말리지 말아주세요. 부탁할게요, 꿈의 직장에서 저의 마지막 꿈을 이룰 수 있게 해주세요. 이번에도 억지로 저를 깨운다면, 저는 죽어버릴 거예요.”

기범은 떠들썩한 분위기 속에서도 다시 잠이 들었다. 재환은 기범이 말을 시작하고 끝날 때까지 한마디도 거들 수 없었다. 이러한 현실을 만든 당사자가 해결하고자 하지 않는 이상, 문제가 있을 때 누구나 자연스레 문제를 제기할 수 있는 사회가 되지 않는 이상, 누구도 그에게 잘못의 화살을 돌릴 수는 없다. 기범은 자신의 목표 달성을 위해 제일 나은 선택을 한 것일지도 모른다. 모든 것이 제 의지대로 할 수 없는 상황 속에서, 과연 그 사람에게 지옥 같은 현실을 계속 살아가게 하는 것이 옳은 일일까. 또 그러한 현실을 살아가는 것이 진정으로 의미가 있는 걸까.

재환은 그때 영주가 이 프로그램을 참여할 수 있었다면 결과가 달라졌을지를 생각해보았다. 영주가 영원한 꿈을 택했다면 그런 불쌍한 결말로 마무리되는 일은 없었을 테다. 기범을 깨운다면 영주와 다른 결말을 겪게 될까. 이미 충분히 고통스러운 현실을 산다는 걸 아는데. 그를 깨운 뒤 영주와 같은 결말을 보게 된다면, 현실을 알고서도 그를 구렁텅이로 던졌다는 생각에 죄책감은 점차 숨결을 죄어올 것이다. 그렇게 되면 재환 스스로도 더는 버틸 수 없을 것만 같았다. 그 불리한 상황 속에서도 자신의 목표를 이루기 위해 꿈을 선택한 그의 잘못은 없다. 그를 억지로 깨운다면, 오히려 그의 유일한 목표를 방해하는 셈이 될지도 모른다. 그래, 깨우지 말자. 돌아서자.

눈을 질끈 감은 채로 몸을 뒤로 돌렸다. 눈가에는 수도 없는 고민의 흔적이 응축되어 떨어졌다. 참여자들의 어수선한 속삭임은 또 다른 웅성거림과 만나 그의 근처에서 불협화음이 되었다. 돌아서기만 하면 주변에서 맴돌던 죄책감도 어느 정도 떠나줄 줄 알았는데, 왜 다시 찾아와서 가슴을 옥죄는 걸까. 기범의 죽음을 방관하는 행동에 대한 책임을 묻고자 하는 것일까? 분명 옳은 일이라고 생각해서 내린 결정이었잖아. 내릴 수 있던 최선의 결론이었잖아.

"그런데, 왜……. 어째서……?"

재환은 한참을 멈춰 선 채로 외로운 싸움을 벌였다. 머릿속 악마와 천사 그림 사이에서 끝나지 않는 핑퐁이 오가고 있다. 아니, 이제는 둘 중 누가 악마이고 누가 천사인지 경계가 모호해질 지경이다. 재환을 둘러싼 불협화음이 핑퐁 소리에 상쇄되어 더는 들리지 않는다. 그 아슬아슬한 외줄 위에서 그가 내린 최종 결정은 무수한 근거로부터 쌓인 논리가 아닌, 살려야 한다는 당위성 하나 때문이었다.

재환은 다시 몸을 돌려 기범을 일으켜 세웠다.

"아씨, 깨우지 마시라고요, 진짜!"

"그러지 말아요, 제발. 부탁이에요, 제발……. 제발……."

그는 한참 동안 기범을 부둥켜안은 채로 울부짖었다. 두 번 다시는 같은 이유로 그를 잃을 수는 없었다. 그래서 믿어주는 존재가 되고 싶었다. 도움이 되고 싶었다. 꿈에서는 해결할 수 없는 외적인 문제를 해결해주고 싶었다.

아무리 화가 난 기범도 진심으로 읍소하는 그를 앞에 두고 침을 뱉을 수 없었다. 그것이 꿈이 현실이 될 수 없다는 말을 뒷받침할 수 있는 가장 쉬운 이유였다. 현실에서는 자신의 의지와 상관없이 자신을 믿어주고 도와주는 존재가 있기에. 기범 역시 꿈에서는 꿰맬 수 없는 상처를 현실에서 메꿔줄 수 있는 존재가 필요했을지도 모른다.

현실에서의 소란했던 분위기는 점차 가라앉았다. 재환과 기범의 감정도 어느 정도 잦아든 듯하다. 그의 진심을 전해 들은 기범은 그를 믿고 남은 현실을 살아보기로 했다. 재환은 기범에게 다니던 회사에서 나와 꿈의 직장에서 같이 일해볼 것을 제안했다. 기범은 남은 회사의 일들을 정리하고 난 뒤인 다음 달부터 함께하겠다고 이야기했다.

"그러면 출근하시는 거죠? 다음 달에 뵐게요. 그 회사는 바로 정리하시고."

"네, 고마워요. ……. 그리고 미안해요."

재환이 다른 결정을 했다면 앞으로 영원히 듣지 못했을 그의 목소리였다. 한층 밝은 목소리였다면 더 좋았겠다만, 그것은 앞으로 차차 들어가면 될 일이었다. 긴장이 풀린 그의 얼굴에는 한 층의 미소가 번지는 듯했다. 그들 사이에는 조금씩 일상의 얘기가 오가기 시작했다.

시간이 흘러 약속한 날이 되었다. 그날 있었던 소란은 일종의 해프닝으로 일단락되었다. 기범과 재환이 적극적으로 다른 참여자들과의 오해를 푼 덕분이었다. 오히려 화해로 마무리된 결말이 일종의 마케팅 효과로도 이어진 모양이다. 단골뿐만 아니라 새로운 참여자들이 보인다. 재환은 기범이 새로 앉을 자리의 책상을 어루만지며 벽 한쪽에 걸린 시계만을 바라보았다. 아직 오기로 한 시간이 되지 않았으니 일단 조금 더 기다려보았다.

그러나 기범은 삼십 분을 넘어 한 시간이 지나도 나타나지 않았다. 적힌 연락처로 연락도 해보았지만 받을 기미가 없었다. 혹시 마음이 바뀌었나? 아니면 어떤 계기로 회사와의 갈등이 잘 마무리되었나? 그랬다면 지금처럼 연락이 안 되지는 않았을 테다. 며칠 전까지만 해도 전화는 잘 받던 그였다. 요즘 들어 늘어난 이용자 수로 바빠진 일에 요 며칠 연락을 하지 못했던 게 마음에 걸렸다.

잠시 후, 조용한 사무실에 노크 소리가 들려왔다. 재환은 이제 왔나 싶어 한껏 높아진 목소리 톤으로 그를 반겼다. 그러나 열린 사무실 문 밖에는 건장한 남성 둘뿐이었다. 형사였다.

"김재환 씨 맞습니까?"

영문을 모르는 재환은 얼떨결에 본인이라고 이야기했다. 그리고 그 짧은 순간 과거의 일들이 주마등처럼 스쳐 지나갔다. 하지만 형사가 이곳을 찾아올 정도로 재환이 잘못했을 만 한 일들은 없다. 얼마 전의 해프닝 때문에? 아니면 단순히 재환에게 무엇을 물어보려고? 그것도 아니면 어째서? 재환의 생각은 꼬리에 꼬리를 물고 늘어졌다.

"김재환 씨. 당신을 박기범 씨 살인 혐의로 체포합니다."

"잠깐만요, 기범 씨가 죽었다고요? 어째서……."

"자세한 이야기는 서에 가서 하시죠."

형사는 당황스러움에 아무 말도 하지 못하고 있는 재환의 손에 쇠고랑을 채웠다.

"아니에요. 그럴 리가 없어요. 기범 씨는 오늘부터 여기서 근무하기로……."

형사는 아랑곳하지 않고 재환에게 미란다 원칙을 알리기 시작했다. 그러나 그 말이 그의 귀에 박힐 리가 없었다. 형사의 말로는 기범은 자살했다고 한다. 그러나 수사 과정에서 기범이 꿈에 중독될 정도로 많은 수면 프로그램을 진행한 사실을 알게 되었다. 그로부터 형사는 재환이 이런 부작용을 알고도 계속 꿈 수면을 진행했고, 이를 통해 기범의 정신력과 판단력을 흩트려놓아 자살을 유도했다고 결론지었다. 이에 위력으로 자살을 결의하게 한 재환을 살인죄로 기소한 것이었다.

"말도 안 돼……."

형사의 말을 어떻게 받아들여야 할지 혼란스럽다. 기범에게는 영주와 다른 결말을 쓰게 하고 싶었다. 현실의 무게를 이겨내고 그가 원하던 평범한 삶을 살기를 바랐다. 그래서 결정을 바꾸기까지 고민하고 또 고민했다. 그러나 이런 결말로 한 편이 끝날 줄 알았더라면, 기범의 마지막 부탁을 들어주는 것이 더 옳았을 테다.

'부탁할게요, 꿈의 직장에서 저의 마지막 꿈을 이룰 수 있게 해주세요. 이번에도 억지로 저를 깨운다면, 저는 죽어버릴 거예요.'

과거 기범이 이야기했던 한 마디가 재환의 뇌리를 스쳤다. 다시 보니 영주가 이 말을 했던 것 같다. 아니다. 둘이서 같이 손을 잡고 귀에 속삭이고 있다. 왜 깨우셨어요? 깨우지 마셨어야죠. 억지로 저를 깨우셨으니 저를 죽이게 만든 건 당신이에요. 저를 도와주신다면서요? 그런데 저를 왜 죽였어요? 왜? 왜……?

"제발……, 제발……!"

두 형사는 갑작스러운 소리에 놀라 재환을 쳐다보았다. 그는 고개를 푹 숙인 채로 손을 벌벌 떨고 있었다. 양쪽 눈은 초점이 맞지 않게 된 지 오래였다.

"내가 또……. 지켜내지 못했구나. 결국 잃고 싶지 않은 사람 하나를 또 죽였구나……."

결국 재환은 형사가 캐묻는 모든 혐의를 인정하였다. 그것이 그가 스스로 죄책감을 덜 유일한 방법이었다.

"피고인은 피고인이 진행했던 꿈 수면 프로그램의 부작용에 대해서 알고 계셨습니까?"

"……네."

"그 부작용을 알고도 피해자에게 지속해서 프로그램을 진행하도록 하셨군요."

"판사님, 검사 측은 지금 유도신문을 하고 있습니다!"

"증인 신청에 앞서 미리 밝혀둘 필요가 있는 준비 사항에 관한 신문일 뿐입니다."

법정에 있는 모든 사람이 그의 대답을 숨죽여 기다렸다. 방청석에 있는 꿈의 직장의 직원뿐만 아니라, 수면 프로그램의 참여자들과 기범의 유가족들도 그를 지켜보았다. 유가족들은 살인자 재환에게 강력한 법의 심판을 받기를 바라면서도, 한편으로는 그의 입에서 아니라고, 그럴 리가 없다는 대답을 듣기를 원하고 있었다.

"……맞습니다."

아, 하는 탄식 소리가 튀어나온다. 가장 먼저 내뱉은 유가족을 시작으로, 탄식 소리는 바이러스처럼 법정에 있는 모든 사람에게 빠르게 전염되어갔다. 저 새끼, 개새끼 하는 욕설과 손찌검은 물론이고, 눈물을 참지 못해 서럽게 우는 유가족의 소리도 들려왔지만, 법정 경위들의 제지로 어느 정도 수그러들었다. 재판의 분위기는 빠르게 검사 쪽으로 무게가 실렸다.

"저희가 주장한 사실 입증을 위해 기범이 다니던 회사의 상사를 증인으로 신청합니다."

의지를 잃은 재환의 정신을 번뜩이게 한 것은 다름 아닌 검사의 말 한마디였다. 이야기가 무언가 잘못되고 있음을 알아차린 시점이었다. 고개를 돌려 방청석을 바라보았다. 한 남자가 방청석에서 일어나 천천히 증인석으로 향했다. 익숙하지만 한껏 절제된 발걸음이었다. 스스로 화를 이기지 못한 채로 사무실을 박차고 나갔던 과거와는 다르게 말이다.

정 부장.

그는 판사의 지시에 따라 증인석에 앉은 후 침착한 목소리로 선서했다. 그가 이렇게 담담한 목소리를 낼 수 있던 사람이었던가.

"박기범 사원은 회사에서 매사에 밝은 성격으로 주변 사람들에게 에너지를 주는 사람이었습니다. 가족 같은 분위기를 지향하는 우리 회사에 딱 어울리는 인물상이었어요. 어려운 일이라도 괜찮다며 앞으로 나서기도 해 모범이 되기도 했습니다. 되려 우리가 늦게까지 지내지 말라며 말릴 정도였죠."

연습이라도 한 듯, 그의 말 한마디에는 한 치의 오차도 없었다. 마치 다른 사람이 된 것만 같다. 차라리 다른 사람이었다면 다행이었을 것이다. 얼굴에 철판을 뒤집어쓰고 아무렇지도 않게 이야기하는 그의 모습에 말문이 턱 막혔다. 그가 외친 선서는 누구를 위한 것이었을까.

"그런 박 사원이 이상하다고 느꼈을 때는 몇 달 채 되지 않았습니다. 언제부턴가 회사를 나오기 기피하고, 업무 시간에는 넋 놓기 일쑤였어요. 이상하다 싶어 박 사원으로부터 고민을 들었을 때는 이미 꿈에 중독된 상태였어요. 저희는 그가 얘기한 꿈의 직장의 잔혹한 현실을 듣고 경악했습니다. 이후 그를 도우려고 했을 때는 이미……. 그 일이 벌어진 이후였습니다."

또 한 번 재판장이 동요하고 있다. 그들은 기범에게 했던 행동들을 지우기 위해 외부의 적을 만들어야 했다. 그들이 기획한 명확한 선과 악의 대비는 방청객들에게 공동의 적이 누구인지를 심어주게 했고, 사람들에게 그 각본에 몰입하게 만들었다. 사람들을 기범이 아닌 재환에게 몰입하도록 만든 순간, 각본의 기획 의도는 충분히 전달된 셈이다. 그것이 진실인지 아닌지를 판단하기에는 재판 과정은 너무나도 짧은 시간이었다.

재환이 지금까지 한 모든 일은 무엇을 위한 것이며, 누구를 위해 재판을 서던 것이었을까. 단지 그는 기범의 죽음에 책임을 지고 싶었을 뿐이었다. 그런 책임이 결국 이딴 사람들을 위해 존재하던 것이라면 더는 책임을 질 이유는 없다. 그가 마음속에 담고 있던 죄책감은 수많은 배신감에 사로잡혀 분노로 돌아섰다.

주먹으로 책상을 쾅 하고 내리쳤다. 재판장에 있는 사람들은 피고인석으로 시선을 보냈다. 그의 손은 주먹을 불끈 쥔 채로 부들부들 떨고 있다.

"피고인, 이게 무슨 행동입니까? 정숙하세요."

"저분들은 과거 같은 회사 동료인 이영주 씨를 살해하고 은폐하려 한 사람들입니다!"

재환은 말을 끝내자마자 정 부장을 바라보았다. 이 말을 듣고도 아무런 표정 변화도 없는 그를 보니 소름이 끼칠 지경이다. 재환의 이야기를 들은 방청객의 반응도 영 시원찮다. 만들어진 각본에 몰입한 사람들에게는, 재환의 주장이 자신에게 조여오는 범행의 증거를 다른 데로 돌리고자 말한 시도라고 밖에 보이지 않았을 것이다. 정 부장도 그것을 이미 알았는지, 웅성거리는 사람들 틈에서 고개를 숙이고 피식 웃음을 지었다. 그리고는 고개를 들어 재환을 바라보았다. '할 테면 해 봐'라고 말하는 것 같은, 싱거워하는 그의 표정이 재환을 도발하는 듯했다.

"피고인, 지금 하신 주장을 입증할 수 있는 증거나 증인이 있습니까?"

"제가 과거 이영주 사원의 담당 사수였습니다. 회사는 직장 내에서 일어난 따돌림과 과한 업무를 통해 이영주를 살인했고, 이를 덮었습니다. 이번 일도 그와 다르지 않다고……."

"재판장님, 이의 있습니다. 피고인은 현 재판과 무관한 이야기를 하고 있습니다."

"이의를 인정합니다. 검사 측, 증인 신문을 계속하세요."

이제야 진실을 얘기한들 달라지는 것은 없었다. 늦어도 너무 늦었다. 사람들은 아까와는 정반대의 주장을 하는 재환의 이야기를 믿어줄 리가 없었다. 변호사 역시 갑자기 달라진 태도를 보이는 재환에 당황한 표정이었다. 오직 재환만이 재판장에서 흥분을 감추지 못하고 있었다.

"너희가 그러고도 사람이야? 그들은 평범한 직장을 갖고 살아가는 것 자체가 꿈이자 소원이었어. 그런 사람을 어떻게……."

"피고인, 정숙하세요. 한 번만 더 소란을 피우면 강제 퇴정시키겠습니다."

결국 재환이 주장했던 얘기들은 아무것도 받아들여지지 않았다. 입증할 수 있는 증거도, 증인도 없었기에 이는 당연한 결과였다. 다소 시시한 논쟁 끝에 재환은 결국 징역형을 선고받았다. 꿈 수면의 부작용을 알고도 이를 묵인하였고, 악용하여 기범을 살해한 혐의가 인정되었다.

연이은 뉴스 보도로 꿈의 직장은 폐쇄되었다. 그 배경에는 꿈 수면의 부작용과 대표자인 재환의 살인 판결로 인한 여론의 몰매도 있었겠지만, 한 회사의 적극적인 방송사 로비와 댓글 알바의 영향도 적지 않았을 것이다.

이제야 재환은 기범의 심정을 온전히 이해할 수 있게 되었다. 현실에서의 내가 아무리 노력해도 닿을 수 없는 영역들, 외적인 존재가 가지는 힘의 크기, 그리고 마지막 희망마저 산산이 부서져 버렸을 때의 느끼는 상실감까지. 그것이 우리가 목놓아 부르던 현실이었다. 이러한 삶을 살아가는 것에 어떤 의미가 있을까. 이 현실이 만약 꿈이라면, 우리는 그 꿈을 '악몽'이라고 치부하고 깨어나면 된다. 꿈을 꾸어 새로운 현실을 맞이하면 된다. 그렇다면 악몽에서 벗어나 행복한 현실을 다시 살아갈 수 있다.

악몽에서 깬 그들은 지금 행복한 현실을 살아가고 있을까. 그곳에서 다니는 직장은 어떠한가. 상사와 주변 동료의 따돌림이 있진 않은가. 일이 많지는 않은지, 퇴근하고 가족들이나 친구들과 좋은 시간을 보내고 있는지도 궁금했다. 들어보니 원하던 직장에 들어간 것 같아 다행이었다. 그들도 꿈에서는 매번 악몽만 꿔서 이런저런 걱정이 많았을 테니까.

어느새 재환도 꿈과 현실의 경계에서 헤엄치기 시작했다. 그의 의도와는 상관없이, 경계에 떠 있는 몸은 점차 한쪽으로 기울어가고 있었다.

비가 무수히 많이 내리는 하룻날이었다. 문이 열리고 익숙한 한 남자가 교도소를 빠져나왔다. 교도관은 나가야 할 사람들이 모두 나간 것을 확인한 후 문을 닫았다. 예전에는 나름 뉴스에도 나오는 걸 알아주는 사람도 있었지만, 오늘 마중 나온 이는 하나도 없다. 그래도 괜찮다. 왜냐하면 오늘은 드디어 악몽에서 깨어나는 날이기 때문이다.

그 남자는 쏟아지는 비를 맞아가며 천천히 길을 걸었다. 낮에서 밤으로 바뀔 시간이 되었지만, 장대비가 쏟아지던 탓에 하늘은 이미 어두워 밝기로 시간을 구분하기는 불가능했다. 걷다 보니 익숙한 장소

앞에 도착했다. 입구는 단단한 철문으로 봉쇄되어 있었다. 평범한 사람이라면 문만 보고 가던 길로 돌아가야 했을 것이다. 그러나 그 남자는 익숙한 듯 숨겨진 문을 찾아 실내로 들어갔다.

즐비한 거미줄은 인적이 끊긴 지 꽤 오랜 시간이 지났음을 알려주는 듯했다. 그런데도 수면실에는 별도의 예비 전력을 쓸 수 있어서인지 불을 금세 밝힐 수 있었다.

남들을 재우기만 하고 자신은 한 번도 눕지 않아본 자리에 편안히 누워보았다. 생각보다 막 편하지만은 않았다. 하지만 긴 잠을 자는 데에는 무리가 없을 정도였다. 그는 누워서 지금까지 바라온 자신의 꿈과 목표를 곰곰이 생각해보기 시작했다.

그 남자는 꿈의 직장을 만들어 사람들에게 현실의 문제를 해결할 수 있도록 돕는 것이 인생의 목표였다. 꿈에서 그가 만든 꿈의 직장은 소문에 소문을 타고 대박이 났다. 점점 더 많은 사람이 꿈의 직장을 찾고, 꿈 수면을 통해 현실에서의 용기를 얻어 갔다. 그 남자는 그런 사람들을 보고 뿌듯함을 느끼면서 현실을 살아갔다.

어느 날, 한 참여자가 꿈의 직장에 찾아왔다. 그의 현실에서의 고민거리는 직장 내의 괴롭힘과 그로 인한 높은 업무량이었다. 그는 그러한 현실에 회의를 느끼고 죽기 직전 지푸라기라도 잡는 심정으로 꿈의 직장에 찾아왔다고 했다. 그 남자는 그에게 왠지 모를 동질감을 느끼곤 적극적으로 꿈 수면 프로그램을 진행했다. 그뿐만 아니라 현실에서도 그를 적극적으로 도왔다. 그가 다니던 회사를 향한 치밀한 자료 조사부터 재판까지 모든 과정을 빈틈없이 준비했다. 온라인으로는 그 회사의 민낯을 대중에게 낱낱이 알릴 수 있도록 힘썼다. 그 진실을 세상에 알릴 수 있도록 방송사와 신문사 물불을 가리지 않았다. 그의 끈질긴 노력 끝에, 그 회사는 법의 심판을 받고 처참히 무너졌다. 참여자는 그 남자를 찾아와 고맙다는 인사를 전했다. 그 남자는 그에게 꿈의 직장에서 함께 일해볼 것을 제안했고, 그는 흔쾌히 승낙했다.

다음 달부터 나오라는 말과 그의 인사와 함께 참여자는 꿈의 직장의 출구로 걷기 시작했다. 그 순간, 남자는 지금껏 참여자의 이름도 모르고 있었다는 것을 깨달았다.

"잠시만요, 혹시 성함이……."

그 말을 들은 참여자는 뒤를 돌아보고는 이렇게 대답했다.

"……. 저는……."

눈을 떴다.

얼마나 시간이 흘렀을까. 모니터에는 하루 남짓한 수면시간이 표시된 채로 멈춰 있다. 마지막 장면까지 꿈의 모든 기억이 생생했지만, 그의 이름만큼은 끝까지 떠오르지 않았다. 재환이 꾸었던 꿈속의 세상은 그가 원하던 결말로만 마무리되고 있었다. 그는 꿈을 통해 본인이 그리는 새로운 현실을 만들어가고 있었다. 그리고 그의 의지와는 다르게 꿈이 끊겼다. 그 행복한 현실을 깨운 것은 무엇이었을까? 그런데도 그의 감정은 이상하리만큼 평온했다.

주위를 둘러보았다. 그 주변에는 여전히 거미줄이 빽빽하게 늘어서 있었다. 예비 전력이 다했는지 점차 전등이 빛을 잃고 있다. 다시 모니터를 봤을 때는 이미 모니터는 꺼져 자신만이 화면에 비친다. 그리고 그런 재환의 모습마저도 점차 연해지고 있다.

전등이 완전히 빛을 잃었을 때, 내리던 비가 차츰 잦아들었다. 햇빛을 가리던 먹구름도 조금씩 꺼지기 시작했다. 이제 꿈의 직장에서는 아무런 빛도 새어 나오지 않는다. 단지 구름에 가려졌었던 햇빛이 다시 반짝이며 실내를 밝게 비추고 있을 뿐이었다.

재환은 자리에서 일어나 밝아진 꿈의 직장을 바라보았다. 칙칙하기만 했던 거미줄은 빛에 반사되어 그의 눈을 찡그리게 했다. 그의 의지와는 상관없이 빛을 내어 눈이 부시게 하는 것을 보니 이곳이 진짜 현실인가 싶다.

그는 영주와 기범이 써 내린 이야기의 결말을 알고 있다. 재환도 그가 걸었던 길을 똑같이 걷게 될지도 모른다. 그러나 아직 그는 현실에서 시도해보지 못한 꿈에서의 행동들이 있다. 그것이 자기 합리화로 빚어낸 결과일지라도.

책상에 흩뿌려져 있던 먼지를 손으로 훌훌 털었다. 먼지는 창문에서 새어 나오는 햇빛을 머금고 반짝이다가 그의 눈앞에서 사라졌다.

소리가 사라진 날

서현경

서현경

혼자 사색하는 걸 좋아하고 호기심이 많은 평범한 사는 사람이다. 생각을 하다 보면 이상한 질문에 빠지기도 한다. '세상에 소리가 없어진다면 사람들은 어떻게 변할까?' 라는 궁금증에서부터 시작했다. 소리 없이 세상을 사는 사람들이 생각이 났다. 언 듯 말을 걸지 않으면 지나쳐도 모를 평범한 사람들이었다. 자막을 켜고 세상을 봐야 하는 사람들이지만 나와 다를 거 없는 사람들이다. 그들이 사는 삶에서 '소리'란 무엇인지도 궁금해졌다. 꼬리의 꼬리를 무는 호기심이 생겼다. 단순 호기심만으로 그 삶을 다 이해할 순 없지만 단지 평범한 삶을 같이 살아가고 있는 친구들의 이야기를 하고 싶었다.

사람들이 새해를 맞이하여 보신각 타종행사를 보기 위해 질서 있게 모여 있었다. 제야의 종소리를 듣기 위해 온 사람들의 표정에는 기쁨과 설렘이 가득한 모습이 보였다. 다른 쪽에서는 서로에게 고생했다는 듯이 어깨와 등을 쓸어주며 같이 웃어주었고 그 사람의 눈에는 눈물이 살짝 고인 듯했다. 이제 곧 새로운 해를 맞아 종을 치기 위해 카운트다운이 시작되었다.

오! 사! 삼! 이! 일!

타이밍에 맞춰 들려야 할 종소리가 모두에게 들리지 않았다. 종을 울리지 않은 건 아니었다. 나무를 힘껏 끌어당겼다 종을 향해 놓아주었지만, 장면만 있을 뿐 소리는 없었다. 종소리에 맞춰 세상은 고요해졌다.

사람들 저마다 귀를 향해 손을 가져갔고 눈을 동그랗게 뜨고 서로를 바라보며 불안한 표정을 지었다. 그리고 이내 소리를 지르는 입 모양이 보였다. 질서 있던 모습은 더 이상 보이지 않았다. 그러다 몇 초 후 이명과 함께 사람들은 모두 기절했다.

쿵쾅쿵쾅- 쾅쾅쾅- 쾅!

엄청난 소리와 진동에 눈을 떴다. 너무 놀라 창문을 열고 밖을 내다보았지만, 조용한 새벽일 뿐이었다. 다시 창문을 닫고 조금 더 잠을 청해 보려 누웠지만, 큰소리에 잠은 달아나 버렸다. 하는 수 없이 침대에서 내려와 이른 등교 준비를 했다. 나와는 다르게 이곳 사람들은 소리를 듣지 못한다. 이를테면 방금과 같이 새벽 6시부터 큰소리로 공사를 하는데도 누구 하나 창문을 열고 밖을 내다보지 않는다. 다들 밤에 공사를 해도 불만은 없겠지만 나만큼은 불만이 많았다. 부모님도 아직 곤히 주무시고 계시는 거 같다. 가방에 오늘 준비물을 차곡차곡 넣고 있었다. 그러다 책상 위에 올려져 있는 신문에 시선을 빼앗겼다. 가방을 내려놓고 의자에 앉아 종이를 바라보았다. 종이에는 '인공 와우로 소리를 들을 가능성은?'이라고 적혀 있었다. 희망적인 제목에 비해 기사 내용은 온갖 추측일 뿐 성공한 적 없는 데이터에 대해 나열할 뿐이었다. 기사를 읽다 보니 어느새 아침이 밝아 오고 있었다. 부엌에서는 엄마가 아침밥을 준비하는 소리가 났다.

일찍 일어난 나를 보며 엄마는 병원에 가는 것 때문에 일찍 일어났냐고 물어보았다. 엄마도 역시 무시무시한 공사 소리가 들리지 않는다. 괜히 엄마에게 짜증을 내며 시끄러워 일찍 일어났다고 했다. 순간 미안한 마음이 들어 엄마를 봤지만, 오히려 나를 걱정하는 표정을 짓고 있었다.

내가 사는 이곳 사람들은 소리를 듣지 못한다. 처음부터 못 듣는 건 아니었다. 처음 소리가 사라진 날은 새해를 맞이하기 위해 보신각종을 울릴 때였다고 한다.

부모님은 연말 콘서트장에 있었다. 몇몇 사람들은 눈을 감고 감미로운 목소리에 귀를 기울이기도 했고, 눈물이 맺힌 채 가수의 움직임을 따라 시선을 옮기기도 했다. 준비한 곡이 모두 끝나고 앙코르를 외쳤다. 가수는 관객들의 모습을 눈에 담듯이 좌우로 시선을 옮겼다. 그리고 정면을 보며 조용히 해달란 듯 손가락 하나를 입에 가져갔다. 전광판의 시계는 열한 시 오십구분 오십초를 지나고 있었다. 모두 가수에게 집중했고 그는 카운트 다운을 시작할 테니 모두 큰 소리를 질러달라고 말했다. 바로 숫자를 세었고 "일" 이라는 마지막 숫자를 외쳤지만, 정적이 찾아왔다. 모두 숫자에 맞춰 소리를 지르고 있었지만, 그 어떤 잡음도 없었다. 사람들은 두리번대기 시작했다. 가수도 두리번대기는 마찬가지였다. 상황을 정리하려는 듯이 그가 다시 마이크에 입을 대었다. 아, 아, 하는 입 모양은 보였지만 소리는 나지 않았다. 콘서트장은 바로 아수라장이 되었다. 한꺼번에 많은 사람이 출입문으로 몰리는 바람에 뒤엉켜 있어 나갈 수가 없었다. 그리고 삐- 하는 이명과 같이 사람들과 부모님은 모두 귀를 막으며 하나둘 쓰러졌다.

얼마나 쓰러져 있었는지 출입문은 사람들 때문에 닫히지 못해 열려 있었다. 주변 사람들을 하나둘 일어나기 시작했고 정신을 어느정도 차린 후 집으로 가기 위해 밖으로 나왔다. 밖은 아직 해가 뜨지 않아 깜깜했고 아무것도 들리지 않았다. 점점 공포감을 느끼며 집으로 가기 위해 계속 걸어갔다. 버스정류장엔 버스도 보이지 않았다. 그 많던 택시도 없었다. 간혹 지나가는 차들은 비상등을 켜고 거북이처럼 천천히 주행하며 걷고 있는 부모님과 나란히 가고 있었다. 차선이 넓은 도로에서도 차들은 모두 비상등을 켜고 멈춰서 있었다. 그중 어떤 사람들은 서로 먼저 가겠다며 언성을 높이는 거 같았지만 소리는 나지 않았다. 단지 행동에서 짐작할 뿐이었다. 다른 사람들은 핸드폰을 보여주며 의사소통을 하는 듯 보였다. 집으로 우여곡절 끝에 돌아온 부모님은 지금 일어나는 일들은 현실이 아니라고 부정해 보았다. 하지만 눈앞에 보이는 상황은 현실이었다. 현실은 정말 소리가 사라진 세상이었다.

소리가 사라진 지 일주일이 지났다. 지금을 받아들이고 살아가는 사람들도 있지만, 현실에 적응할 수 없어 삶을 마감하는 사람들도 생겨났다. 의사소통은 입 모양으로 표현하기도 하고, 답답할 땐 문자를 써서 보여주기도 하였으며, 평소 관심도 없었던 수화에 대해서도 배우려는 사람들이 급증하였다.

일 년이 지나자 저마다 소리가 없어진 세상에 더욱더 익숙해지고 있었다. 옆에 같이 있어도 문자로 서로의 안부를 물었고, 텔레비전에서는 당연하게도 자막이 송출되었다. 그 어느 채널에서도 자막이 나오지 않는 프로그램은 없었다. 도로엔 예전만큼 차들이 많지는 않았지만 각자 차들을 튜닝해서 도로에 나오기도 했다. 튜닝은 클랙슨 대신에 음파가 나오도록 기계를 달아 대신했다. 점점 소리가 없는 세상에 익숙해질 무렵 사람들이 길을 걷다 어지러움을 느끼며 하나둘씩 넘어지기 일쑤였다. 뛰어다닐 수도 없었고, 천천히 걷거나 막대기를 들고 의지하며 걸어 다녀야 했다. 귀가 제 기능을 하지 못하니 달팽이관 내이에 문제가 생기기 시작했다. 차를 운전하는 사람들도 어지러움을 느끼다 사고가 나기 일쑤였고, 무수한 훈련을 받은 비행기 조종사들 또한 같은 증상을 느끼며 운전을 포기할 정도였다. 그러다 김 박사라는 사람이 등장했다. 그 사람은 지금 느끼는 어지러움은 내이에 이상이 생기는 과정에서 나타나는 현상이며, '인공와우'라는 균형 보조기를 이식하면 어지러움과 구토 증상 없이 정상적인 삶을 살 수 있다며 광고하였다. 사람들은 너도나도 인공와우를 이식했고 막대기를 의지하며 걷던 사람들이 혼자 걸을 수 있었으며, 뛰어다닐 수도 있었다. 예전 소리가 있을 때 인공와우는 이식 후 소리를 듣고 발음을 표현할 수 있게 도와주었지만, 지금의 인공와우는 소리를 듣고 전기자극 신호로 변환하여 뇌에 자극을 주는 기계로 기능이 변경되었다. 그 자극으로 발음을 할 수 있었고, 입 모양을 보고 대화도 나눌 수 있게 되었다. 하지만 구화하기 위해서는 많은 돈과 시간이 필요했고 제대로 대화하고 있는지에 대한 의심에 사람들에겐 균형 보조기로만 기능할 뿐이었다.

내가 태어난 날은 밤하늘에 하나의 별이 유독 밝게 빛났다고 한다. 나를 낳으러 가는 차 안에서 출산의 두려움은 잊고 하늘을 계속 보며 저 별이 꼭 자신을 쫓아오는 거 같아 딸을 낳으면 별이라고 이름을 지어주려고 하셨다. 하지만 기대하던 딸은 태어나지 않고 아들인 내가 태어났다. 처음엔 그래도 별이라고 지어주려고 했었다. 하지만 아빠의 반대에 정민 이라는 이름을 갖게 되었다. 아빠는 엄마의 임신 소식을 알게 되었을 때 크게 기뻐할 수만은 없어 하셨다. 소리가 사라진 다음부터 태어난 아이들이 자라 인공와우를 이식해도 발음을 제대로 하는지 확인할 길이 없었다. 그리고 일단 구화를 하며 발음교정을 한다는 것이 돈과 시간이 엄청나게 들기 때문이었다. 언젠가 소리를 들을 수 있다는 기대만으로 해야 했기에 기약 없는 기다림에 모두 지쳐 있었다. 아빠 또한 그런 사람 중 하나로 아이 없이 엄마와 둘이서만 살기를 원했었다. 태어난 날 보고 미안함에 눈물을 흘렸지만, 현실에 대한 막막함은 여전했다.

태어나고 한 달이 되었을 때였다. 어린 나를 눕혀 놓고 엄마는 예전에 당신이 즐겨 듣던 '스티브 바라캇'이란 작곡가의 피아노 연주를 들려주었다. 다른 사람들은 음악 대신 음파로 음악을 대신하기도 했고 엄마처럼 예전의 즐겨 듣던 기억이 추억에 남아 음악 듣기를 계속 고수해 오셨다. 엄마는 눈을 감고 피아노 소리가 들리는 것처럼 감상하고 있었다. 한참 나오던 음악이 꺼지자 나는 울음을 터트렸다. 잠시 눈을 뜬 엄마는 나를 발견했고 나를 달래려고 했다. 그리고 다음 음악이 나오자 나는 언제 그랬냐는 듯이 울음을 그치고 똘망똘망하게 눈을 뜨고 엄마를 바라보았다. 처음 엄마는 우연일 거라는 생각을 가지셨다.

마침 타이밍 맞게 내가 울었고 그쳤을 때 음악이 나온 거라고. 다음 음악이 끝나자 나는 울음을 터트렸고 엄마는 방금 이 상황이 우연이 아닌 거 같다는 느낌이 드셨다.

어릴 적에 아빠는 항상 바쁘셨다. 내가 놀자고 다가가면 미안하다면서 자리를 피하거나 서류를 뒤적이는 모습을 보였다. 나를 귀찮아한다는 생각에 아빠보단 엄마와 함께 있는 시간이 더 많았다. 한번은 동네 문화센터를 갔었다. 나는 아이들과 같이 어울려 촉감 놀이를 하고 있었고, 엄마는 다른 엄마들과 수다를 떨며 다른 강좌들을 들으려고 소책자를 보고 있었다. 그중에서 인기 있는 건 라디오 부스였다. 소리는 사라졌지만, 예전 소리를 송출하던 라디오 부스와 기계들을 볼 수 있는 곳이었다. 그리고 한 강사가 예전에는 고주파 소리도 아이들이 듣기도 했다는 얘길 하며 고주파 소리를 틀었다. 당연히 사람들은 평온했고 다들 들리지 않는 소리를 듣고 싶어 하는 눈치였다. 하지만 나는 엄청난 소음에 울음을 터트렸고 엄마는 고주파 소리를 듣는 나를 보고 소리를 듣는 것이 확실하다고 생각했다.

아빠는 엄마의 이야기를 듣고도 나를 한참을 보며 고민에 빠지셨다고 한다. 믿어 지지도 않았고, 왜 내가 소리를 들을 수 있는지 궁금해 했다. 예전에 유행했던 누르면 소리가 나는 닭인형을 가져와 내 오른쪽에 두고 소리를 내었다. 그러자 나는 소리에 놀라 오른쪽으로 시선을 돌렸다. 소리에 반응을 한 것이다. 기적이다. 소리가 사라진 지 20

여 년 만에 소리가 들리는 아이가 태어난 것이다. 부모님은 일단 김 박사에게 연락했다. 아빠와는 고등학교 동창이었고 지금은 서로가 바빠 자주 만나지는 못하지만, 예전에는 종종 서로의 집도 방문하는 막역한 사이였다. 부모님은 김 박사를 집으로 초대해 아빠는 내가 소리를 들을 수 있는 거 같다는 말을 조심스럽게 꺼내었다. 김 박사는 고개를 들어 아빠를 쳐다보았고 믿을 수 없다는 듯이 당황스러워했다. 그리고는 같이 기뻐해 주셨다. 하지만 심각한 표정을 지으며 아직 정민이가 소리를 들을 수 있는 걸 절대 말해서는 안 된다고 말했다. 아빠는 놀라 그게 무슨 말이야? 사람들이 정민이를 보면서 소리를 다시 들을 수 있다는 희망을 품을 수 있지 않겠냐고 되물었지만 돌아오는 김 박사의 대답에 아빠는 더 이상 말을 할 수 없었다.

"그 희망 때문에 네 자식을 실험체로 만들려고?"

정부에서는 소리를 듣는 사람들을 찾고 있다고 했다. 물론 안 좋은 쪽으로 말이다. 소리가 사라진 날 무슨 이유에서인지 소리를 들을 수 있는 사람들이 소수 존재했고 그런 사람들을 찾은 연구소 직원들은 연구소에 데리고 어떤 이유로 소리를 들을 수 있는지 실험해야 했고 그 원인을 찾아야만 했다. 그러다 실험이 잘 못 되면 듣지 못하는 사람이 되었고 시설을 나갈 수 있었지만 감시가 붙어 어디를 가지도 말도 못 하는 삶을 살고 있다고도 했다. 너무 잘 알고 있는 김 박사에게 아빠는 그곳을 어떻게 알고 있냐고 물었고, 원래 그곳에 자신도 잠깐 실험에 참여한 적이 있다고 했다. 하지만 비윤리적인 연구소 직원들의 태도에 회의를 느껴 자신만의 방법으로 소리를 찾으려고 노력하여 지금의 인공와우를 만들 수 있게 되었다고 말했다. 김 박사는 떠나면서 나에게 도움이 되었으면 좋겠다며 예전에 김 박사에 대한 연구가 적혀 있는 일기 한 권을 주고 가셨다.

김 박사가 가고 나서 소파에 주저앉으며 아빠는 낙심했다. 어쩌면 내가 소리를 찾는 단서가 될지도 모른다는 생각이 들었던 것도 잠시 친구의 얘기를 듣고 실험체가 될 수도 있다는 얘기에는 강하게 부정할 수밖에 없었다. 소리가 없는 세상에 소리를 들을 수 있는 아이가 태어났는데 사람들에게 알릴 수도 그렇다고 맘껏 좋아할 수도 없었다. 점점 자라는 나를 보며 부모님들은 커가는 기쁨보다 소리를 들을 수 있는 걸 들킬까 봐 걱정하는 날이 더 많았다. 그러다 내가 유치원에 가야 할 나이가 되었을 때였다. 소리를 듣고 반응하거나 내가 내 입으로 소리를 들을 수 있다고 말을 한다면 아이들이나 유치원 선생님들은 어떻게 반응할지 들을 수 있는 걸 알게 되어 신고라도 당하면 어쩌나 하는 불안감으로 엄마는 진동에만 반응하도록 나를 가르쳐 주었고 나도 진동이 느껴질 때만 고개를 들어 엄마를 바라보곤 했다. 그래도 엄마의 걱정은 여전했기에 7살까지는 엄마와 집에서만 지냈다. 가끔 주변 이웃들이 우리 집에 놀러 오기도 했지만 나는 낯을 많이 가린다는 핑계로 내 방에서만 있었어야 했다. 어떤 날은 엄마와 노는 게 너무 지겨워 한참 동안 놀이터에서 노는 아이들을 바라보기도 했었다. 밖에서는 아이들의 웃음소리가 나에게는 들렸지만 동요하지 않았다. 어차피 나는 같이 놀 수 없는 걸 알기에 바라만 볼 뿐이었다.

엄마와 마트를 다녀오던 날 이웃집 아주머니들이 모여 대화를 하는 걸 보았다. 나는 꾸벅 인사를 했고 한 아주머니는 나를 보며 사람 좋게 웃어 보였다. 나는 너무 낯설어 몸을 배배 꼬며 엄마 뒤로 몸을 숨기고 있었다. 그러자 아주머니는 아직도 유치원이나 학원에 다니지 않냐고 물어보았고 엄마는 내가 몸이 좋지 않아 못 다닌다고 거짓말을 하고 황급히 뒤돌아 집으로 가려고 발걸음을 옮겼었다. 그때 내 귀에는 이런 소리가 들려왔다.

"어머 애가 많이 아픈가 봐. 겉으로 보기엔 멀쩡해 보이는데 참 어린 새댁이 고생이 많아

보이네."

"그러게요. 얼굴도 하얗고 집 안에만 있어서 그런가? 저번에 갔을 때도 방안에만 있었고 혹

시 아동학대는 아니겠지?"

"어휴, 지민 엄마 말이 너무 심하다. 정말 아픈 걸 수도 있잖아. 보면 어떡하려고 그래!"

"아니면 마는 거지. 그래도 이상하잖아. 집 밖에 나올 때면 꼭 엄마나 아빠랑만 나오고 우리 집이나 다른 집 애들이랑 놀라고 하면 그 집 부모들은 과민 보호하듯이 하고, 곧 초등학교에 들어갈 텐데 친구들도 사귀고 하면 얼마나 좋아. 저번에 갔을 때도 방에서 나오지도 않고 애가 좀 소심한 건지 모자란 건지. 그래서 우리 착한 지민이가 놀자고 하는데도 밀치기나 하고. 정말 기분이 얼마나 나빴는데. 저런 건 엄마가

잘 교육을 해야지 나중에 애가 폭력적으로 변하면 어쩌려고 저러는지 원. 쯧."

순간 정확히 무슨 이야기를 하는지 다 알아들을 순 없었지만, 나와 엄마를 욕하는 기분이 들었다. 엄마의 손을 놓고 아줌마들에게 고래고래 소리 질렀다.

"우리 엄마 나쁜 사람 아니야!" 놀란 엄마는 내 손을 더 거칠게 끌며 집으로 돌아왔다. 아까 왜 그랬냐고 다그치는 엄마에게 아줌마들이 엄마와 나를 나쁘게 이야기하는 거 같았다고 화를 내었다. 퇴근하고 돌아온 아빠는 낮에 있던 이야기를 듣고 한참 동안 말없이 식탁에 앉아 계셨다. 다음 날 아침을 먹으며 아빠는 다른 지역으로 이사를 하자고 했다. 이제 초등학교에 들어갈 나이이고 내가 소리를 듣는 거에 대해 말을 하고 다니지 않을 거로 생각하신 듯했다.

이사를 하고 유치원 첫 등교 날. 엄마는 나에게 귀에 박히게 말했다. 절대 튀는 행동을 해서는 안 되고, 특히 소리에 반응하면 안 된다는 이야기였다. 나는 엄마의 말보다는 유치원을 처음 간다는 설렘과 친구를 드디어 만들 수 있다는 생각에 사로잡혀 엄마의 말은 흘려듣고 있었다. 거기에서 나는 내 인생의 단짝인 동근이를 만났다. 동근이는 다른 아이들과는 다르게 굉장히 어른스러웠다. 아는 것도 많았고, 모든 것이 처음인 나에게 이것저것 알려주려고 했었다. 다른 아이들은 나와 어울리기를 꺼리고 낯설어했지만 동근이만은 달랐었다. 간식을 받으려고 줄을 설 때도 아이들에게 치일까 봐 겁이나 난 매일 맨 뒤로 가서 줄을 서고는 했다. 동근이는 그런 나를 봤는지 오늘은 정민이가 1등으로 먹는 날이라며 나를 앞으로 끌어 놓았다. 다른 아이들은 동근이의 말에 불만을 표현했지만 동근이는 정민이가 매일 맨 뒤에 섰다며 가끔은 앞에 서도 된다고 반박해 주었다. 나의 편을 들어주는 친구는 처음이었다. 가끔 동근이 몰래 나를 괴롭히던 친구들도 있었다. 그럴 때면 어디서 나타났는지도 모르게 나타나 친구들을 호되게 혼을 내주기도 했다. 그렇게 같이 초등학교 6년을 지내고 같은 중학교에 진학했다. 중학교 3학년 동근이와는 처음으로 반이 갈라지게 되었다.

혼자서라도 친구를 사귀어 보라는 동근이의 말에 어색하게 옆자리의 친구에게 말을 걸어 보기도 했다. 처음 몇 마디를 나누어 보고 친구가 되었다고 생각한 나는 혼자 들떠 쉴 새 없이 떠들어 버렸다. 입 모양을 보며 무어라 말을 하는 건지 파악해야 하는데 수화도 없이 빠르게 말하는 나를 보며 친구는 화를 냈었다. 순간 화가 난 친구의 표정에 놀라 더 이상 말을 할 수 없었다. 우리 교실은 특이하게 수화하는 아이들과 구화하는 아이들로 나뉘어 있었다. 구화하는 아이들은 필수로 수화도 같이 배워야 했지만 어려운 구화를 배웠다며 수화를 무시하는 경향이 있었다. 내 모습에 그 친구는 잘난체하는 거로 느낀 거 같았다. 오른손 엄지와 검지를 동그랗게 하여 이마에 붙인 후 앞으로 내밀면서 손가락을 펴 미안하다는 수화를 했지만, 오히려 그 행동이 자신을 더 놀리는 거로 친구는 생각했다. 그 뒤부터 계속해서 미안하다고 하는 나를 보고도 그 친구와 아이들은 이야기도 하지 않고 슬슬 피하기 시작했다. 그러다 다른 구화를 하는 친구가 먼저 나에게 말을 걸어 주었다. 그러면서 어떤 날은 돈을 빌려달라고 해서 빌려주면 잘 갚더니 점점 더 큰 돈을 요구하기도 했다. 그래도 이런 관계라도 친구라고 생각했던 거 같다. 친구들의 동아리가 끝나는 시간에 맞춰 교실 문을 열려고 서 있었다. 문을 열려고 했지만, 안에서 들려오는 소리에 나는 그만 굳어 버리고 말았다.

"야 정민이한테 얼마 받았냐?"

"오 만원밖에 못 받았어. 이 새끼는 돈도 많아 보이는데 왜 더 안 들고 다니지? 유치하게 안 논다고 해볼까? 그러면 더 돈을 줄 거 같은데. 킥킥킥"

"나쁜 새끼 진짜 너 그러다 동근이한테 큰일 난다."

"근데 너 재랑 같이 초등학교 나왔지? 왜 동근이는 저런 애랑 노는 거야?"

손을 벌벌 떨며 교실 문을 열었다. 친구인 줄 알았는데 그들은 날 그렇게 생각하지 않은 걸 알고 뒤통수를 세게 맞은 기분이었다. 속으로 잘 못 들었을 거라며 부정을 했지만 나를 보고 놀라는 친구들은 뒷담화를 하고 들킨 표정이었다. 나는 최대한 자연스럽게 가방을 챙겼다. 이만 집에 가자고 말을 했지만 당황해하며 먼저 가라고 말했다. 내 눈치만 보던 그 친구들은 다시 입을 열었다.

"아 진짜 깜짝 놀랐네. 저 새끼 우리 얘기 들은 거 아니야?"

"미친 우리도 못 듣는데 재가 어떻게 들어."

그 친구들에 대해 아무 행동도 할 수 없었다. 그렇다고 날 여태 그렇게 생각했냐고 화를 낼 수도, 밖에서 모두 듣고 있었다고 말할 수도 없었다. 고개도 못 들고 땅만 쳐다보며 빠르게 건물을 빠져나왔다. 내가 할 수 있는 건 그 상황을 회피하는 것뿐이었다. 땅만 보며 걷다 보니 익숙한 신발이 보였다. 교문 앞에는 동근이가 활짝 웃으면 나를 기다리고 있었다. 내 표정을 보며 무슨 일이 있냐고 물어보았지만, 그냥 오늘 좀 힘이 들었다며 넘겨 버렸다. 반 친구들은 계속해서 나를 괴롭혀 왔다. 그러다 동근이가 그 장면을 보고 폭력을 행사했다. 그 후로 나를 괴롭히는 친구들은 없지만, 며칠간 동근이는 정학당해야만 했다. 후로 같은 고등학교에 입학했다. 전과 같이 괴롭힘은 없지만 나를 불편해하는 친구들은 여전히 있었다.

학교를 마치고, 부모님과 같이 병원에 도착했다. 김 박사를 만나는 건 어렸을 때 한번 보고 이번이 두 번째이다. 어렸을 때 기억은 아빠와 둘이 서재에 들어가 대화하러 가는 뒷모습만 남아 있었다. 제대로 얼굴을 보고 마주하는 건 이번이 처음이었다. 인공와우를 이식하고 3년에 한 번씩은 병원에 와서 검사해야 한다. 하지만 별문제가 없다면 간호사분께서 확인만 하고 오면 되기 때문에 딱히 의사와 마주할 일은 없었다.

흰색과 검정이 반반 적당히 섞인 단발머리를 질끈 묶고 돋보기안경을 쓴 의사였다. 김 박사와 아빠는 실로 오랜만에 만나게 되었다. 우리가 이사 하고는 처음이었다. 나를 보며 인사하는 김 박사를 보며 어색하게 고개를 숙였다. 아빠와 간단한 안부를 물었고, 3년 전에 검사했던 표를 보면서 아무 이상은 없어 보인다고 말했다. 테스트를 해본다는 말에 부모님은 당황해하셨지만 김 박사는 눈짓으로 괜찮다는 표시를 하였다. 그리고는 나에게 헤드셋을 주었고 간호사에게는 다른 차트를 가져와 달라고 하며 부모님과 같이 내보냈다. 여전히 나는 소리에 반응했고 예상했다는 듯이 김 박사는 작게 끄덕였다. 그리고는 어떻게 이야기를 꺼내야 할지 망설이는 듯해 보였다.

"사실 요즘 인공와우를 끼고 사람들이 조금씩 소리를 듣는 사람들이 생기고 있어. 어쩌면 사람들이 점점 들을 수 있게 바뀌고 있다는 생각이 들어. 물론, 이건 어디까지나 내 생각이지만 정민이 말고도 테스트를 진행했을 때 반응하는 사람들이 몇몇 있으니 가능성이 있지 않을까 하는 게 내 생각이야."

조금은 희망적인 말에 인공와우 없이도 소리를 듣고 걸을 수도 있냐고 물었다. 하지만 김 박사는 어디까지나 가설단계이며 데이터를 모으고 있으니 나의 도움이 필요하다고 하였다. 내가 정말 도움이 될 수 있을까? 걱정하는 표정을 지으니 인자하게 웃으며 김 박사는 안심을 시켜 주며 말했다.

"일주일에 한 번씩 이렇게 만나서 어느 주파수에서 반응하는지 확인하는 작업을 했으면 좋겠어. 사실 네 부모님께는 비밀로 했으면 해. 아직 확실한 결과가 보이지 않는 데 희망을 품었다가 잘 못 되면 그 후엔 정말 최악이거든."

잘 알고 있다. 희망이 물거품이 되면 어떻게 되는지 친구를 만들고 싶었던 시절을 알고 있으니 크게 와 닿았다.

부모님 몰래 김 박사와 만난 지 한 달 정도가 흘렀다. 병원에 오면 하는 건 똑같았다. 헤드셋을 끼고 주파수를 높였다 내렸다 하며 실험했지만 모두 같은 반응을 보일 뿐이었다. 진전이 없는 성과에 김 박사와 나는 조금씩 지쳐가고 있었다.

집으로 돌아온 나는 침대에 누워 지금 내가 하는 게 어떤 도움이 될 수 있는지 생각했다. 명치만 답답할 뿐이었다. 주위를 환기할 겸 책상 앞에 앉았다. 책상 위에는 처음 보는 일기장이 있었다. 김 박사의 일기장이었다. 소리가 사라지 전 농인이었던 김 박사에 관한 이야기가 있었다. 어릴 적 친구들은 김 박사를 보고 장애가 있는 줄 몰랐다고 한다. 말을 하지 않으면 티가 나지 않았기 때문이었다. 아무것도 들리지 않는 자신만의 세계에서 혼자 있는 김 박사를 보고 친구들은 그저 별난 사람이라고만 생각했다. 어느 날 옆자리의 친구가 말을 걸었는데 아무 반응이 없는 김 박사를 보고 자신을 무시한다고 생각했고, 그 친구의 괴롭힘은 더 심해져만 갔었다. 그러면서 담임 선생님은 김 박사의 장애에 대해 반 친구들에게 말을 하게 되었다. 장애가 있는 친구이니 좀 더 세심하게 대해 주라는 담임선생님의 의도가 있었지만 이미 반에서 겉도는 김 박사에게는 괴롭힐 구실만 만들어준 셈이었다. 뒤에서 놀리는 시늉을 하면 인기척에 돌아본 김 박사를 보고 들을 수 있으면서 못 듣는 척을 한다며 괴롭히기도 했다. 점점 삶의 의욕이 없어지고 있을 때 자신을 괴롭히는 친구들이 모두 자기와 같이 듣지 못하게 되었으면 좋겠다며 복수를 다짐하기도 했었다. 날카로운 감정이 자신을 찌르고 있을 때 새 학기가 시작되었고 아빠를 만나게 되었다. 아빠는 김 박사를 처음 대할 때부터 다정했다고 했다. 말을 빠르게 하지 않고, 자신을 바라보며 이야기하고 들어주는 유일한 사람이었다고 했다. 지금의 동근이처럼 김 박사를 친구들의 괴롭힘으로부터 지켜주기도 했었다. 복수를 다짐했던 마음은 어느새 사라지고 없어져 갔다. 차라리 자신과 같은 장애가 있는 사람을 위해 살아가고 싶다는 마음으로 바뀌어 갔다. 아무것도 하지 않는다면 예전과 같은 생활을 하고, 부정적인 생각만 가득할 것 같았다. 그래서 소리를 연구하는 연구소에 취직했다고 적혀 있었다. 뒷장이 더 있었지만 왜인지 찢어져 있었다. 나와는 다른 상황이지만 같은 일을 겪었던 것에 묘한 동질감이 느껴졌다. 이 일기장은 아빠가 책상 위에 올려 둔 것 같다는 생각이 들었다. 예전 아빠 서재에 꽂혀 있었던 게 기억이 났다. 왜 인제 와서 이걸 준 건지 아빠에게 물어볼 참이었다. 내 방의 문이 열리더니 방의 불을 껐다 켜다가 반복되었다. 뒤를 돌아보니 아빠가 서 있었다. 소리가 들리지 않은 사람에게 기척을 할 때 불을 켰다 껐다 하거나 진동을 느끼게 해주면 됐는데 뻔히 소리를 들을 수 있는 나에게도 평소대로 행동한 것이다. 아빠의 행동에 실소가 나왔다. 평소 나에게 관심이 없던 아빠가 먼저 다가온 건 처음이었기에 당황했지만, 기분이 나쁘지만은 않았다.

아빠는 헛기침하며 괜히 나에게 말을 더 걸었다. 처음 인공와우는 소리를 못 듣는 자신과 다른 사람들을 위해서 세밀하게 들을 수 있게 연구하기 위해 만들었다고 했다. 처음 소리가 사라졌을 때 당황해하는 사람들과는 달리 평소와 익숙했던 김 박사는 사람들을 모아 연구를 진행했지만, 끝까지 남아 지금 사람들에게 상용화할 수 있도록 마무리를 지은 건 김 박사 혼자였다고 한다. 여전히 다른 의사들은 김 박사를 비난하기도 했다. 아직 완벽하지 않은 인공와우를 사람들에게 이식한다는 건 사람들을 인체실험을 하는 것과 마찬가지라는 비난을 받고 있었다. 하지만 사람들은 김 박사가 없었다면 이전과 같이 평범한 일상을 살게 된다는 건 있을 수 없다고 두둔했다. 아빠도 그런 대단한 사람을 친구로 두고 있는 걸 내심 자랑하고 있는 거 같았다. 요즘 늦게 들어오는 나를 보며 친구들과의 관계에 무슨 문제가 있지는 않았는지 생각이 많아져 김 박사의 일기장이 생각나 밤새 읽어보았다고 했다. 어릴 적 아빠는 김 박사를 보면서 자신의 장애도 굴하지 않고 열심히 하는 모습이 좋았다고 했다. 각자의 삶에서 열심히 살던 어느 날 소리가 사라져버렸고 김 박사를 보며 자신도 이겨 낼 수 있을 거로 생각했지만 긍정적이던 자신도 부정적인 생각만 하게 할 만큼 쉬운 일이 아니었다는 걸 느꼈다고 한다. 이런 세상에 태어나 나에게 부족함 없이 다 해줄 수 있을지 막막함에 너를 온전히 사랑해 주지 못한 것에 대해 미안하다고 말을 해주었다. 지금이라도 달라질 수 있게 노력하고 싶다고도 덧붙였다. 갑작스럽게 모든 걸 토해낸 아빠를 어떻게 대해야 할지는 모르겠지만 어릴 적 모습이 동근이와 겹쳐 보이는 아빠를 보고 전보다는 더 가까워진 기분이었다.

오늘은 원래 김 박사를 만나는 날이 아니지만 일기에 관해 물어볼 겸 병원에 왔다.

“처음 소리를 듣는다는 네 얘기를 들었을 때 기쁘면서도 혼자만 겉도는 너를 보면서 어쩌면 소리를 못 듣던 나와 겹쳐 보였어. 그래서 도움이 되었으면 해서 주었던 거야. 혼자만 다른 세상에 산다는 건 외롭지 않아도 외로웠거든. 그래도 다행히 네 곁에 동근이라는 친구가 있어서 다행이라는 생각이 드는구나.”

“그런데 일기장 맨 뒤에 찢어진 페이지가 있던데 그건 뭐가 적혀 있던 거에요?”

눈을 감고 기억을 더듬으며 김 박사님은 또 다른 이야기를 해주셨다. 사람들이 소리를 듣는 건 음파의 진동으로 들을 수 있지만, 소리를 못 듣는 사람은 진동이 없는 무중력상태라고 했다. 한마디로 귓속은 멈춰있는 상태이다. 김 박사와 같이 연구하는 사람 중에는 진공상태를 해제하는 방법에 대해 더 연구하기도 했다. 아마 진공상태에 관해 이야기했던 연구원의 이야기가 적혀 있을 거라고 했다. 순간 김 박사의 눈빛이 변하더니 찢어진 일기장을 찾으러 연구실로 가야 한다고 말을 했다. 혼자 가려는 김 박사를 뒤쫓아 따라갔다. 위험할지도 모르니 집으로 가라는 말에 왠지 같이 가야 할 것 같은 기분이 들었다. 안된다고 말리는 김 박사에게 위험한 상황이 생길지도 모르고 그럴 때면 소리를 듣는 내가 도움이 되지 않겠냐며 물러서지 않았다. 대신 부모님께 연락하라는 말을 듣고 엄마와 아빠에게 번갈아 가며 전화를 걸었지만 받지 않았다. 문자를 남기고 김 박사와 같이 연구소로 향했다.

새해가 시작되기 하루 전 김 박사와 동료들은 소리를 못 듣는 사람들을 위해 인공와우를 좀 더 세밀하게 들을 수 있게 회의하고 있었다. 진공상태 해제에 관해 연구하던 연구원도 있었다.

"새해에 맞춰 소리가 들리지 않는다면 사람들은 어떻게 변할까?"

이상한 질문을 하는 동료에게 모든 시선이 집중되었다. 이상한 기류가 감돌았지만, 현실성 없는 이야기에 다들 가벼운 헛소리로 치부하는 분위기였다. 단 김 박사만은 가볍게 들리지 않았다. 무언가 일이 벌어질 거 같은 불길한 느낌이 들었다. 그 느낌은 현실이 되었다. 제야의 종소리가 들리지 않았다. 물론 김 박사는 들을 수 없는 게 맞았지만 다른 사람들도 소리를 들을 수 없게 된 것이다. 김 박사와 소수의 연구진은 평상시와 같은 일상이었지만 다른 사람들은 공황에 빠져 아무것도 할 수가 없었다. 이대로만 있다면 허무할 것 같은 생각에 사람들을 도울 수 있는 방법을 찾기 시작했다. 현재 우리가 사용하고 있는 인공와우에 다른 기능을 추가하는 방향으로 연구하기로 했다. 그렇게 일 년 만에 지금의 인공와우를 만들 수 있었다. 인공와우를 다시 연구를 시작할 때 이상한 질문을 한 연구원은 김 박사의 일을 못마땅해하는 눈치였다. 마치 소리가 다시 돌아오지 않길 바라는 사람 같았다. 김 박사가 연구소를 나오고 나서 연구소장이 되었다는 소식을 끝으로 왕래는 없었다. 김 박사는 일기를 보고 그 연구원을 만나야겠다는 생각이 들었다고 했다.

연구소에 도착한 우리는 로비에서 연구소장을 만나러 왔다고 전했다. 갑작스러운 방문에 사실 못 만날수도 있다는 생각을 했지만 의외로 쉽게 소장실로 들어갈 수 있었다. 엘리베이터가 소장실이 있는 층에 멈추고 문이 열렸다. 투명 방화벽이 있는 곳에 의사 가운을 입은 여러 사람이 보였다. 그리고 또 다른 방화벽 너머에는 사람들이 하나둘씩 들어와서 헤드셋을 쓰고 소리에 대한 반응을 살펴보는 것 같았다. 반응한 사람은 왼쪽 문으로 그리고 반응하지 않는 사람들은 오른쪽 문으로 이동하고 있었다. 소장실에 도착한 우리는 비서의 안내를 받아 소파에 앉아 기다리라고 있었다. 잠시 후 소장으로 보이는 사람이 문을 열고 들어왔다. 옆에는 경호원으로 보이는 검은 정장을 입은 사람도 있었다.

"오랜만입니다. 김 박사님."

"네. 오랜만이네요. 이 박사. 아니 이 소장님."

이 소장은 경호원의 눈치를 보여 어색하게 웃어 보였다. 옆에 있는 나에게 별로 궁금한 건 없어 보였다. 김 박사는 이 소장에게 진공상태에 대해 어디까지 연구가 진행되고 있는지 물어보았다. 이 소장은 예상치 못한 질문을 받았는지 당황하는 게 눈에 보였다. 이 소장이 당황해하자 옆에 있던 경호원이 더 이상의 질문은 받지 않겠다며 우리를 돌려보내려고 행동했다. 무력이 오간다면 승산이 없을 걸 아는 김 박사는 그만 돌아가자며 일어섰다.

"왼쪽 방으로 가보세요."

나지막하게 들려오는 이 소장의 말에 소장실을 나오자마자 김 박사의 손을 끌며 왼쪽 방으로 향했다. 경호원은 출입문 쪽이 아닌 왼쪽 방으로 향하는 우리를 잡으러 쫓아 오고 있었다. 가까스로 왼쪽 방으로 들어온 우리는 문을 잠그고 숨을 고르고 있었다. 김 박사는 보안장치를 실행했고, 하나의 문이 더 생겼다. 나가기도 들어오기도 쉽지 않아 보였다. 그 방에는 유리 벽이 보였고 안쪽에서는 인공와우 제거 수술을 받는 사람과 의사들이 있었다. 유리 안에 사람들은 우리가 보이지 않는 것 같았다. 김 박사는 그 모습을 보고 짐작했다. 이 소장은 여기에 찢어진 일기장을 숨겨놓은 것이라고. 하지만 숨길 곳은 딱히 보이지 않았다. 이때 왼쪽 문이 심하게 흔들렸다. 아무래도 경호원이 사람들을 더 데리고 온 것 같았다. 하나의 문은 열린 듯했지만, 나머지 하나는 시스템 제어장치로 인해 안에서만 열 수 있는 것이라고 김 박사가 말해주었다. 김 박사는 인공와우를 제거하는 수술을 보며 생각했다. 사람의 귓속에 고막보다 안쪽에 막이 하나 더 생긴다면 진공상태가 된다. 그걸 터트리기 위해서는 인공와우를 터트려야 한다. 왼쪽 방에는 모든 인공와우를 컨트롤하는 빨간 버튼이 있었다. 예전 이곳에서 연구하면서 만일을 위해 설정해 놓은 기능이었다. 불완전한 인공와우를 제거하는 것이 아닌 기계를 꺼놓기 위한 기능이었다. 기계가 꺼진다고 막은 터지지 않을 것이다. 하지만 기계를 끈다면 이명과 함께 고주파가 발생하게 되어 막은 터질 것이다. 하지만 선 듯 빨간 버튼을 누를 수는 없었다. 사실 소리 없는 세상이나 소리가 있던 세상이나 김 박사에게는 똑같은 세상이었다. 천천히 고개를 돌려 김 박사는 나를 바라보았다. 망설이는 김 박사를 보며 말했다.

"박사님! 어서 눌러요! 달라질 것이 없다고 멈춰있으면 아무것도 바뀌지 않는다고 하셨잖아요!"

이명과 함께 모두 쓰러졌다.

내가 눈을 떴을 땐 내 방 침대 위에 있었다. 머리엔 붕대가 감겨 있었지만 모든 것이 제자리로 돌아온 것 같은 느낌이 들었다. 방으로 들어온 엄마는 내가 일어난 걸 보며 아빠를 부르고 있었다. 하지만 그 소리는 나에게 들리지 않았다.

소리가 돌아온 지 몇 달이 지났다. 사람들은 평범하게 소리를 듣고, 노래를 부르고, 걷고 있었다. 예전 소리가 사라졌던 날들의 기억들은 잊고 지내는 것 같았다. 그저 매일 반복되는 일상들을 보내고 있을 뿐이었다. 내가 소리를 들었던 건 꿈속 이야기처럼 느껴졌다. 유일하게 그때를 기억하는 건 김 박사와 가족뿐이었다. 진공상태가 터지면서 가까이 있던 내가 큰 영향을 받은 거라고 김 박사는 말해주었다. 여전히 김 박사는 우리를 위해 소리에 관한 연구를 여전히 하고 있었다. 그때와는 다른 인공와우가 완성되었다는 소식에 한걸음에 병원으로 달려갔다.

잘 지냈냐는 안부를 습관처럼 입으로 소리내 말하고는 머쓱하게 웃고 말았다. 예전보다 많이 밝아져서 걱정을 한시름 놓았다는 김 박사

말에 웃음으로 대답을 대신했다. 한동안은 들리던 소리가 정적이 되었을 때, 두려움이 커졌었다. 나는 이제 소리를 들을 수 없는 건가. 바람소리도. 파도가 치는 소리도. 처마를 두드리는 장대비 소리도. 아침에 들리던 시끄러운 공사 소리도 그저 기억 속에 남아 있을 뿐이었다. 부모님은 그런 나를 걱정하며 본인들이 소리를 듣지 못했을 때 조심해야 할 것들을 알려주셨고, 걱정하지 말라며 우리 같이 이겨내 보자고 위로를 해주셨다. 해결책보다는 같은 경험을 공유했다는 것만으로도 위안이 된 거 같았다. 한동안은 밤에만 외출하기도 했다. 나에게 낮보다 밤이 더 안전하기 때문이었다. 낮에는 뒤에서 아무리 자동차 경적을 울려도 내가 피할 재간이 없었다. 하지만 밤에는 라이트가 빛나기 때문에 차가 오는 걸 알 수 있었다. 그렇다고 일상생활을 포기할 수 없기에 용기를 내서 낮에도 외출하고 있었다. 주변을 과하게 살피고 다녀야 해서 더 피곤하기는 하지만 어차피 내가 바꾸지 않으면 변하지 않는 걸 알기에 문을 열고 나가고 싶었다. 점점 조용한 세상에 익숙해지면서 다시 학교에 다니게 되었다. 예전과 같이 도움을 받기만 한다면 달라지지 않을 거 같아 먼저 다가가기로 마음을 먹었다. 나를 불편해하는 친구들에게 나를 부를 땐 책상을 두 번 두드려 달라고 말을 했고, 말을 할 땐 미안하지만 천천히 또박또박 발음해주면 된다며 먼저 얘기를 해주었다. 내가 입 모양을 보고 대화를 파악하는데 빤히 쳐다봐도 이해해 달라고도 말했다. 어려운 단어는 글로 써주면 더 좋을 것 같다고도 덧붙였다. 나를 어려워하는 친구들을 위해 나를 대하는 법을 먼저 얘기해 주었다. 사실 아이들은 내가 말을 하지 않는다면 장애가 있다는 걸 몰랐을 거다. 먼저 나의 상황을 얘기하고 이런 요구를 하니 아이들은 신기해하는 거 같았다. 이렇게 하기까지 동근이의 도움이 컸다. 이 친구가 없었다면 소리를 잃은 나는, 더 무너져버렸을지도 모른다. 사실 소리가 사라졌을 때 나는 소리를 들을 수 있었다고 고백했었다. 큰 비밀을 이제야 얘기해서 미안하다는 나를 보며 동근이는 그럴지도 모른다고 어렴풋이 느끼긴 했다며 웃어 보였다.

우리는 소리를 찾고 처음 맞이하는 타종행사를 보기 위해 종로에 모여 있었다. 오랜만에 하는 행사에 유명한 가수들이 모여 공연을 하고 사람들은 모두 웃으며 음악을 즐기고 있었다. 전과 달라진 게 있다며 공연하는 가수들 옆에 수화를 하는 전문가가 있었고 전광판에는 가사를 모두 볼 수 있게 띄어져 있었다. 그동안 터트리지 못했던 폭죽들을 다 터트리는지 밤하늘에는 여러 색의 불빛들이 수놓아져 있었다. 부모님은 큰 소리에 놀라 귀를 막았지만 나는 소리에 방해받지 않고 온전히 밤하늘의 불빛들을 즐길 수 있었다.

카운트다운이 시작되었다. 삼! 이! 일!

뎅-, 뎅-,

조용한 세상의 나에겐 아무것도 들리지 않았다. 대신 종소리의 울림만이 느껴질 뿐이었다.

마침표

최나리

최나리

영원한 사랑을 바랐다. 기대에 부응하는 사람들도 있었으나 모두가 영원할 수는 없었다. 떠나간 것들만 보고 내가 불행하다고 믿었다. 앞으로는 슬픔만이 가득할 거라 확신했다. 그러나 지금 나는 행복하다. 이제 인정할 수 있다. 영원한 건 없고, 슬픔도 영원하지 않다.

태어나서 가장 많은 사람들이 스스로 죽기를 결정하는 나라 대한민국. 그 안에서는 주변인들의 관심이 그 결정을 바꿀 수 있을 거라고 말한다. 마침 나는 죽고싶고, 내 곁에는 나를 위해주는 과분한 사람들이 존재한다. 그러나 나는 여전히 죽고싶다. 잠자고 다음날 일어나지 못하는 것이 가장 큰 소원이고 제일 부러운 사람은 오늘이 마지막일 노인분이다. 스스로도 너무 철이 없는 것 같아서 이런 생각을 해도 되나 고민을 하다가, 문득 이런 내가 우습다는 생각이 들었다. 이제와서 뭐가 중요하다는 말인가? 확실한건 이젠 내가 언제 사라져도 이상하지 않다는 것이다.

원래는 가벼운 우울이었다. 머물다 갈 감정이었다. 그래서 나아질 수 있을 거라고 생각했다. 어릴 때부터 집이 경제적으로 불안정했기에 돈이 드는 일에는 당연하게 눈치를 봤다. 집안 상황이 힘든 걸 알고 있어서 공부도 가볍게 할 수 없었다. 대학을 다닐 때는 장학금을 탈 만큼 공부하면서도 꾸준히 아르바이트를 해야만 했다. 그렇기에 취득하고 싶은 자격증이 있어도 책이나 강의 값이 나가는 걸 생각하면 쉽게 도전할 수 없었다. 그러려면 밥을 먹거나 친구들과 카페를 가는 기본적인 생활을 포기해야 했다. 만약 무언가를 시도한다면 반드시 이뤄야 하는 상황이었다. 내가 직접 돈을 벌어 하고 싶은 것을 해도 눈치를 볼 수밖에 없는 환경에서 자라는 것. 그것만으로도 사람은 은근한 우울을 겪을 수 있다. 하지만 이런 이유로는 간간히 서러운 감정이 들었을 뿐 큰일처럼 느껴지지는 않았다. 오히려 더 열심히 살아야 하는 원동력이 되기도 했다. 정말 힘들 때는 가족이나 남자친구, 그리고 친구들에게 고민을 털어놓았다. 나를 아껴주는 사람들에게 위로를 받고 나면 다 아무것도 아닌 일처럼 느껴지고는 했다.

그런데 최근에 정말 사랑하는 남자친구와 이별을 하게 되었다. 그리고 얼마 뒤에 같이 산 추억이 있기에 어릴 때부터 특히 애정이 깊던 할아버지가 돌아가셨다. 어려운 상황에서도 덕분에 살아갈 만큼 의지할 수 있고 마음 다해 사랑했던 두 사람이었기에 그 이후 세상 모든 불행이 나에게 닥친 것 같은 슬픔이 몰려왔다. 일주일 전, 가장 친한 친구인 현이를 만난 날이었다. 화장기 없이 대충 옷을 주워입고 나가도 늘 예쁘다고 말해주던 현이였는데. 그 날은 살이 빠진 내 얼굴을 보고 해골같다고 하면서 걱정 어린 잔소리를 했다. 힘든 티를 내지 않으려고 노력한 것이 무의미 할 만큼 겉모습만으로 나의 상태를 알 수 있게 되어버린 것이다. 어제는 무기력함에 사로잡혀 침대에 눈을 감고 가만히 누워있었다. 그 모습 그대로 시간이 흘러 밤이 되었다. 그러자 엄마가 내 방 문에 노크를 하고 들어오는 소리가 들렸다. 하지만 들어왔냐고 대꾸할 힘도, 눈을 뜰 기운도 없었다. 그렇게 가만히 누워있었더니 엄마는 조심스럽게 내 얼굴 가까이 다가와 코에 손을 대보았다. 그리곤 내가 숨을 쉰다는 걸 확인하자 다시 방을 나갔다. 그렇다. 나는 더 이상 다른 사람들이 보기에도 정상적인 사람이 아니었다.

음식을 먹으면 영양분이 섭취되고 자연히 사람은 살아갈 수밖에 없다. 그 당연한 이치가 싫어서 음식을 먹지 않았다. 음식이 살기 위한 수단이라고 생각하면 식욕도 사라졌다. 덕분에 160cm에 38kg이 되었다. 걷기 시작할 때는 온통 시야가 어지럽고 뇌가 심장처럼 뛰는 듯 했다. 다리에는 힘이 없어서 비틀대거나 쓰러지기 일쑤였다. 정말이지 마음이 이렇게나 망가졌는데 꾸역꾸역 살아가는 내 자신이 신기할 지경이었다. 이런 와중에도 여러 조언들처럼 잘 살아보고는 싶어서 기분 전환을 위해 밖을 걸었다. 좋아하는 노래를 들으면서 동네 주변을 걷다보면 그래도 기분이 나아지는 듯 했다. 하지만 시간이 지날수록 산책도 소용이 없어졌다. 오히려 길가에 모든 것이 나를 죽게 만들 수 있는 도구처럼 느껴졌다. 건물을 보면 추락, 차를 보면 충돌, 강을 보면 익사 같은 단어만 머리에 맴돌았다. 그런 생각들이 반복되고 참아오기를 몇 달, 결국에는 정도를 지나치는 날이 왔다.

그 날은 살면서 가장 충동적인 생각으로 가득 찬 밤이었다. 바깥 어느 곳을 걸어도 스스로도 억제되지 않는 감정이 두려워 발길을 돌려 집으로 향했다. 그리고 바로 방에 들어가서 문을 잠그고 침대에 몸을 웅크려 누웠다. 그래도 아침에 가까운 새벽이 되도록 누워있으면 극단적인 기분이 조금 가라앉곤 했었는데 여전히 그만 두고 싶은 마음뿐이었다. 기어이 그 생각을 이길 수 없어서 방 안을 살펴봤는데, 아침에 쓰고 멀티탭에 꽂아놓은 고데기에 연결된 전깃줄이 눈에 띄었다. 이후에 그다지 망설이지 않고 코드를 빼어 매듭을 지고 목을 졸랐던 것 같다. 고통스러웠다. 숨이 막히고 머리가 터질 것 같았다. 죽어가는 기분이란 이런 거구나 싶기도 했다. 하지만 이대로 아침이 되기 전까지 없는 사람이 될 수 있을 것 같아서 웃음이 새어나왔다. 한참을 간절한 만큼 힘껏 목을 졸라대었다. 그런데 매달지 않고 조이기만 한 탓인가, 출근시간이 거의 다 되어서도 죽지 못했다. 아쉬운 마음으로 다시 매듭을 풀고 오늘을 보내야 한다는 답답한 마음으로 준비를 하기 위해 불을 켰다. 머리를 묶기 위해 거울을 보니 매듭의 모양대로 멍이 들어있었다. 목 위로 짙게 든 멍을 한참동안 응시했다. 큰일났구나. 일주일 후 아니, 오늘 내가 살아있을지도 확신이 서지 않는다. 이대로 지내다 보면 모두에게 인사도 못하고 사라질 것 같다. 그렇게 되면 지금의 나만큼이나 나와 알고 지냈던 모두가 힘들어지겠지. 그런 상황은 원하지 않는다. 그래서 나는 나의 죽음에 대해 확신이 든 날 내 사람들을 위해 마지막 편지를, 유서를 쓰고 마지막을 계획하기로 한다.

우선 지금 나를 힘들게 하는 것 중에 가장 빨리 해결할 수 있는 문제인 회사를 그만두었다. 학교 졸업 후에 소개로 들어간 회사인데 일도 일이지만 같이 일하는 사람과 잘 맞지 않아서 괴로웠다. 할아버지가 돌아가신 날 장례식장에 갔을 때 내가 없는 자리에서 '그런 걸로 일을 빠지냐'고 말하는 상사가 있는 곳이었다. 입사동기가 장례식장에 와서 해준 이야기였는데 그 날이 할아버지 입관식이었다. 소식을 전해 듣고 마지막으로 관에 누워계신 할아버지 얼굴을 보는데 나도 모르게 눈물이 났다. 엄청나게 성공해서 잘해드리지는 못해도 부끄럽게는 살지 않겠다고 말했었는데, 할아버지가 돌아가신 것을 그저 그런 일처럼 말하는 회사에 있는 내가 싫었다. 그렇게 회사를 그만두고 유서를 쓰면서 돌이켜보니 가족, 친구들에게 아무것도 제대로 된 선물을 해준 게 없다는 걸 깨달았다.

몇 개월 전 들어야 하는 교육이 있어 할아버지 집 가까운 곳에 잠깐 살았던 적이 있다. 그 때는 집이 이사한지 얼마 되지 않아서 먹을 것이 아무것도 없었다. 냉장고에도 흔한 김치 하나 없고 생수 한통만 들어있을 뿐이었다. 할아버지는 그 집에서 한 시간 정도 거리에 사셨는데 혹시 내가 굶는건 아닌지 걱정된다며 집에 찾아오셨다. 오자마자 내 손에 쥐어 주신 건 즉석밥과 편의점 김치, 그리고 엄청 큰 후르츠칵테일 깡통이 담긴 비닐봉투였다. 그 때 즉석밥과 김치는 다 먹어버렸지만 아직 후르츠칵테일은 남아있다. 단순히 음식으로 남을 수 있었지만 지나고 보니 떠나가신 이후에도 할아버지가 나에게 준 무언가 남아있다는 것이 큰 위안이 되었다. 이별도 마찬가지로 너무 힘들었지만 남자친구가 준 선물과 편지를 보면서 과거를 추억하기도 하고, 그래도 마냥 헛된 사랑은 아니었음을 확신하며 위로받기도 했다. 내가 그랬듯이 나를 짧고 길게 사랑해주었던 모두에게 마지막으로 고마웠다는 감정을 전할 수 있는 선물을 하면 좋을텐데 그러지 못하고 떠나려 하는 것이 마음에 걸렸다. 또 선물뿐만 아니라 장례식에 있으면서 알게 된 사실인데 장례를 치르는 비용도 만만치가 않다고 했다. 디지털로 띄워주는 영정사진도 영정사진 주변에 있는 꽃도, 휴지도 음료수도 장례식장에 머무르는 것도 모두 돈이라서 적어도 천만원은 든다고 들었다. 내가 사라지는 건 두렵지 않은데 부모님이 내 장례비용에 힘들어하는 모습을 생각하면 그건 많이 무서웠다. 그럼에도 죽음이 너무 간절했기 때문에 결국 단기간 안에 돈을 많이 벌 수 있는 일을 찾아보기로 결심했다. 그 돈으로 감사했다는 마음도 전하고 장례비용도 어느 정도 준비해놓고 싶었다.

어떤 일을 해야 돈을 빠른 시간 안에 벌 수 있을까 생각하던 중 고민하는 나를 지켜보던 엄마가 솔깃한 제안을 했다. 최근 엄마는 아는 이모를 통해 돈을 많이 벌 수 있는 건설현장에서 일을 하고 있었다. 새로 지어지는 건물 바닥면을 뜯어 청소하는 업무였다. 그런데 마침 며칠 뒤에 청소작업이 마무리가 되어서 다른 사무실을 알아보는 참이었던 것이다. 특별한 조건이 필요한 것도 아니었다. 업무 관련 교육을 들었다는 이수증만 있으면 누구나 쉽게 일을 할 수 있었다. 전공이 토목이라서 현장에 대한 거부감도 없었다. 기간도 일주일만 하는 사람부터 몇 년 동안 근무하는 사람까지 다양해서 단기간만 다녀도 괜찮은 환경이었다. 무엇보다 다른 단기 생산 아르바이트는 하루 일당이 많아야 10만원이었는데 이 일은 13만원 정도를 받을 수 있었다. 거기에 두 시간을 추가로 연장근무를 하면 하루 일급의 반을 더 주는 형식이었다. 이야기를 듣고 나니 딱 내가 원하던 일이라는 생각이 들었다. 망설일 것 없이 당장 다음 날 일을 하기 위해 필요한 교육을 이수했다. 그리고 얼마 뒤 청소작업이 끝나자 엄마와 같이 알아본 회사에 면접을 가게 되었다.

면접이라고 해서 일대일 면접 같은 것을 떠올렸는데 안내를 받아 도착한 곳은 강의실을 연상하게 했다. 앞쪽에는 커다란 화이트보드가 있었고 그 뒤로 책상과 의자가 줄마다 배치되어 있었다. 의자에는 우리를 제외하고도 4명의 사람들이 더 앉아 있었다. 화이트보드 쪽에서 무언가 분주하던 사장님은 약속시간이 되자 행동을 멈추시더니 면접에 온 사람들을 세어보았다. 그리고 '사실 오늘 모인 것은 면접을 가장한 앞으로 시작할 업무교육 때문'이라고 말을 했다. 누구나 할 수 있는 일이라고 듣기는 했지만 현장에서의 경험이 없어 면접에서 불리하면 어쩌나 걱정했었는데 잘됐다고 생각했다. 교육에서는 어떤 일을 하게 될지 설명을 들었다. 힘쓰는 일은 전혀 없고 작업 진행 중인 곳에 서서 신호를 주는 쉬운 일이라고 했다. 주로 작업하는 곳에 다른 사람이 들어오지 못하도록 통제를 하거나, 자재를 옮길 때 이동하는 동선을 따라 길을 앞장서는 신호수 일이었다. 일 자체는 단순했지만 힘든 점도 있었다. 계속 서서 일을 하기 때문에 발이 붓는다는 것과 작업하는 곳이 일반적인 장소보다 기압이 높아서 어지러울 수 있다는 것이다. 더불어 복장도 머리부터 발끝까지 가려진 방진복을 입어서 숨쉬기가 더 답답할 것 같았다. 간단한 업무라는 장점이 있지만 확실히 육체적으로 힘든 일이어서 사장님은 재차 그 부분을 강조하며 '이래도 일을 할 수 있겠냐'고 되물었다. 얘기를 들은 사람들 중 2명은 더 생각해보겠다며 자리를 떠났고 나와 엄마를 포함해 남은 사람들은 그 주 금요일부터 근무를 하게 되었다.

출근하는 날은 생각보다 금방 다가왔다. 아침 일찍 준비된 작업복과 신발을 받기위해 사무실에 들른 뒤 집합장소에 도착했다. 약속된 시간보다 여유롭게 갔는데도 로비를 가득 채울 만큼의 사람들이 모여 있었다. 생각보다 더 많은 인원에 놀라고 있던 중, 사장님은 나에게 출근카드를 발급받아야 한다며 따라오라고 말했다. 알겠다고 대답하고 출발을 하려하자 갑자기 사장님이 주변을 급하게 두리번대었다. 그러면서 느닷없이 자신이 카드 발급 장소까지 안내를 해주기가 귀찮아졌다며 때마침 발견한 다른 직원에게 인솔을 부탁하고 사라졌다. 부탁을 받은 사람은 내 또래로 보이는 남자였다. 그냥 쉬고 싶을 수도 있는데 싫은 기색 없이 나를 안내해주는 친절한 모습에 오히려 마음이 쓰여서 죄송하다고 말했다. 그러자 그 분은 "아니에요. 저 원래 이런 거 좋아해요." 라면서 장난스럽게 대답했다. 그 말을 듣자 자연스럽게 웃음이 나왔다. 나였어도 귀찮았을 것 같은데 배려심이 깊은 사람이구나 생각했다. 카드를 발급받는 과정에서도 서툰 티를 많이 냈는데 답답해하기는커녕 알기 쉽게 천천히 설명해주었다. 덕분에 무사히 카드를 시간 안에 준비할 수 있었다. 그 이후 더 이야기를 하다가 알게 되었는데 이름은 박연우라고 했다. 중성적인 이름이 연한 눈동자와 곱슬거리는 머리, 부드럽게 나긋한 목소리와 잘 어울리는 것 같다고 생각했다. 전 연애가 끝나고 나서부터는 다른 사람들이 다가와도 설렘을 느끼지 못해서 사랑은 접어두었던 나였다. 그런데 왜인지 처음 만난 날부터 연우 오빠를 의식하게 되는 듯 했다. 오랜만에 두근거리는 마음이 힘들었던 과거와 대비되어 착각이라 믿고 싶었지만 눈치없이 계속해서 들뜨는 마음은 어쩔 수가 없었다.

일에 필요한 서류를 모두 작성하고 본격적으로 작업장소에 들어갈 채비를 했다. 먼저 현장에 들어가기 전 준비된 작업복을 입었다. 완전히 외부 옷을 차단하기 위해 입는 방법이 정해져 있었는데 생각보다 착용하는 시간도 오래 걸리고 불편했다. 제일 힘들었던 건 마스크를 쓰고 그 위에 또 옷을 덧대는 것이었다. 이중으로 얼굴을 막다보니 확실히 숨 쉬는 것이 힘들게 느껴졌다. 위험한 현장에서 혹시 모를 충격을 방어해 주기 위해 신은 딱딱한 신발은 가만히 서있어도 발바닥이 저리듯 아프게 했다. 그저 옷과 신발 하나로 이 일을 한 달은 할 수 있을까 의문이 들기 시작했을 때, 문득 오늘 아침 로비에 가득하던 사람들이 생각났다. 이렇게 힘든 일을 많은 사람들이 하려는 이유는 뭘까. 다들 나만큼 돈이 간절해서일까. 각각의 사정을 자세히 알지도 못하는데 모두 나와 비슷한 상황일거라고 생각하니 묘하게 마음이 아팠다.

첫 작업구역을 배정받고 일을 시작하게 되었다. 작업을 할 때는 구역마다 신호수 한 명, 그리고 안전관리자 한 명이 필요했다. 그 날 나와 같은 구역을 배정받은 안전관리자 이모와 일이 끝나고 조금의 이야기를 나눌 수 있었다. 그 때 이모의 이야기를 들었다. 이모는 나이가 거의 60에 가깝다고 했다. 자식들도 다 키웠으니 이제 스스로 버는 일만 남았다며 노년을 잘 살고 싶다고 말하셨다. 아들이 자신의 노후를 걱정하지 않기를 원해서 일을 나온 게 크다고 하셨다. 이 일을 한지는 3개월 정도가 지났다고 했는데 그 기간도 정말 대단하다는 생각밖에는 들지 않았다. 하루만 입어도 답답한 작업복을 입고 일을 하시는데도 개의치 않으셨다. 발이 너무 아파서 이모도 그렇지는 아닌지 걱정을 했더니 이 정도쯤은 끄떡없다고 대답하셨다. 일주일만 지나면 나 역시 적응이 될 거라면서 오히려 나에게 힘내라는 말을 전해주셨다. 이후 일주일이 지나도 내 발은 여전히 부어있었다. 이주가 지나도 같았다.

부어오는 몸과는 별개로 시간이 흘러 일이 어느 정도 익숙해지기 시작했다. 그러자 사람이 더 필요한 곳으로 배정을 새로 받게 되었다. 그 곳은 막 작업을 시작하는 단계여서 에어컨이 없었다. 그렇지 않아도 숨이 잘 쉬어지지 않는 옷인데 그 현장은 들어가자마자 숨이 막혀왔다. 마치 사우나에 들어온 것 같은 기분이었다. 오전 근무가 끝나고 점심을 먹으러 나오면 당연하게 옷이 다 젖어있었다. 나중에는 땀이 흐르고 마르기를 반복해 반팔에는 하얀 땀자국이 생겼다. 그나마 나는 통제 업무와 이동할 때 앞장서는 일밖에 하지 않았지만, 작업자 분들은 그런 환경에서도 무거운 자재들을 들고 이동을 해야만 했다. 한 시간만 일해도 반장님들 얼굴에는 구슬땀이 흘렀다. 계속 한 팀에 있다 보니 작업자 분들의 사정을 어느 정도 알게 되었다. 그런데 이야기를 들어보면 결국 모두 가족을 위해서 일을 하고 있었다. 특히 자녀들을 위해 일을 하는 사람들이 대부분이었다. 근래 새로 오신 신호수 분은 우리 엄마 나이와 비슷했는데, 아들 두 명이 대학생이라서 열심히 벌어 용돈을 줘야한다고 일을 하는 이유에 대해 말씀 하셨다. 일을 하던 중간에 힘들다고 하시면서도 연장 하고 싶은 사람을 거수할 때에는 항상 손을 드셨다. 발이 아파서 절뚝거리며 걷는 걸 보았는데도 주말까지 일이 있으면 좋겠다고 웃으면서 말을 하셨다. 그렇게 저마다의 이유를 알게 될 때마다 자꾸 반대편에서 나와 같은 옷을 입고 서 있는 우리 엄마를 보게 된다. 내가 대단하게 생각하는 누군가와 다름없이 연장이 있는 날에는 늘 손을 드는 엄마. 허리가 아파도 진통제를 먹으면서 일을 나가는 엄마. 가족을 위해서 이런 일은 아무것도 아니라는 엄마. 어느새 작업자들을 통해 우리 엄마를 본다. 나를 향하는 무조건적인 사랑에 마음이 흔들린다. 어려운 상황 속에서도 내가 힘들 때 가장 가까이서 나를 걱정하고 안타까워 해준 사람은 항상 엄마였다. 사람을 잃어서 힘들었던 내가 그 고통을 알면서 같은 아픔을 주려 했다는 게 문득 너무 미안하게 느껴졌다.

철저히 죽음을 준비하기 위해 시작한 일로 아이러니하게 희망을 얻는다. 유서를 쓰던 내가 미래를 그린다. 다시는 사랑할 수 없을 것 같았지만 누군가에게 다시 설렌다. 집에 들어가서 몇 달 전 작성했던 유서를 다시 펼쳐보았다. 너무나 큰 슬픔을 겪었던 건 분명했다. 하지만 이제 그 시간들에 죽음으로 결말을 쓰고 싶지 않아졌다. 나를 아껴주는, 과분한 내 사람들에게 날 기억할 수 있는 마지막 선물 대신 다짐 섞인 글을 선물한다. 나는 앞으로 어떤 어려움이 있어도 살아갈 것이다.

특별한 기부

정동오

정동오

실패는 누구나 한다. 포기는 누구나 하지 않는다. 실패를 거울삼아 포기하지 않는다면 성공할 것이다. 불가능한 도전은 없으며, 행복은 도전하는 자에게 주는 선물이다.

상기는 아침 일찍 일어나 분주히 가방을 챙겼다. 그리고 아침을 먹기 위해 냉장고 문을 열어보니 우유와 과일이 보였다. 식탁 위에는 식빵도 있다. 오늘 아침은 간단하게 먹기로 하고 식탁에 앉아 조심스럽게 빵의 봉지를 뜯었다. 주말인데 아이들과 아내가 잠에서 일찍 깨면 피곤할까 봐 바스락거리는 소리를 최소화하면서 아침을 먹었다.

'우리가 언제부터 아침을 서양식으로 빵과 우유로 먹었던가!'

상기가 생각하는 아침은 밥을 먹어야 끼니를 때웠다고 생각하는 세대이다.

그런데 오늘은 일찍 약속이 있어 어쩔 수 없이 간단하게 먹기로 하고, 살금살금 뒤꿈치를 들고 현관문을 향해 나섰다. 현관문 잠금장치를 열기 위해 버튼을 누르는 순간 '삐리릭' 소리가 조용한 아침이라 더 크게 들리는 것 같았다. 거실에서 자고 있던 딸이 상기를 쳐다봤다.

"아빠 어디가?"

상기는 가방을 어깨에 둘러메고 현관문을 나서면서 대답했다.

"응 아빠 친구들과 약속이 있어 나갔다 올게, 엄마랑 잘 놀고 있어 알았지”

주말이면 가족과 함께 지내야 할 텐데 혼자 약속이 있어 나가니 미안한 마음이 살짝 들었다.

상기는 지하 주차장에 도착해 자동차 트렁크에 가방을 싣고 출발했다. 아파트 느티나무 위에는 아침부터 까치 울음소리가 선명하게 들렸다.

‘오늘 좋은 일이 있으려나’

옛날부터 까치 울음소리를 들으면 그냥 기분이 좋아지곤 했다.

상기와 동료들은 약속한 장소에 도착하여 각자 옷을 갈아입고 백을 찾아 카트로 향했다. 백에서 장갑을 꺼내는 순간 캐디가 반갑게 인사했다. 상기는 동료들이 보이지 않아 캐디에게 동료들의 위치를 물어보고 그들이 있는 곳으로 향했다. 그렇다 일찍 도착해서 퍼팅 연습하면 몇 타는 줄일 수 있다는 것을 그들은 경험상 알고 있었다. 상기도 빨리 퍼팅과 공을 챙겨 연습그린으로 이동했다. 이른 아침이라 이슬이 있어 공은 발자국을 남기며 당당하게 걸어가는 것 같이 보였다. 목적지에 도착하기를 애타게 기다리는 상기의 마음과는 반대로 움직였다.

연습 퍼터를 마치고 본격적으로 게임이 시작되었고, 드디어 8번 홀 파3에 도착했다. 먼저 친구가 티샷하고 상기는 두 번째로 티박스에 올랐다. 그는 여느 때와 마찬가지로 6번 아이언을 백에서 꺼내어 잡았다. 연습 스윙을 부드럽고 멋있게 휘둘렀다. 그런데 실제 스윙할 때는 연습 스윙할 때의 모습이 나오지 않았다. 주말골퍼의 한계인 것 같다. 두 다리는 어깨너비만큼 벌리고 공은 중앙에서 조금 왼쪽에다 두고 자세를 잡았다. 깃대 한번 쳐다보고 다시 공을 주시했다. 이제는 공만 치면 된다. 클럽을 잡고 백스윙을 하기 위해 어깨를 돌려 힘차게 공을 날렸다. 공은 그린을 향해 날개를 단 비행기처럼 날아갔다. 캐디와 동료들은 큰소리로 외쳤다. "굿샷"

어쩐지 온그린은 된 것 같은 느낌이 들었다.

티샷을 모두 마친 일행은 카트를 타고 그린으로 향했다. 그런데 이상하게도 공이 3개밖에 보이지 않았다. 가까이서 가보니 상기의 공이 보이지 않았다. 그래서 상기는 그린 주변에서 공을 찾으러 분주하게 뛰어 다녔다. 여기저기를 확인해도 공은 보이지 않아 공이 없다고 동료들에게 얘기해서 같이 그린 주변을 샅샅이 찾아보았다. 그래도 공은 보이지 않던 찰나 동료가 크게 소리쳤다.

"공 찾았어요!"

그는 홀컵에서 공을 꺼냈다. 홀인원이었다.

골프를 하면서 평상 한 번 있을까 말까 하다는 홀인원이 된 것이다. 상기는 동료에게 공을 돌려받고 기분이 얼떨떨했다. 너무나 뜻밖이라 믿을 수 없었기 때문이다. 옆에 있던 캐디도 축하하여 주었다.

"고객님 축하합니다. 홀인원 하면 상금도 있습니다."

캐디가 공치기 전에 상금이 있다는 얘기를 안 한 이유는 실력을 보니 홀인원이 불가능하다고 생각해서 얘기하지 않은 건지 아니면 깜박

했는지는 모르겠지만 홀인원을 하고 상금이 있다는 얘기를 들으니 더욱 기분이 좋았다.

'상금을 탔으니 어디다 쓰지!'

상기는 이 상금을 불우이웃 돕기에 쓰기로 했다. 좋은 일에 쓰는 돈은 누구에게도 말하지 않고 몰래 하는 것으로 생각했다. 오른손이 한· 일을 왼손이 모르게 말이다. 어려운 이웃을 위해 기부하면 모두가 즐겁다는 것을 깨달은 순간 행복은 몇 배가 되어 돌아온다. 그래서 기부는 자기 자신을 위한 것이다. 이때부터 특별한 도전과 갈등, 기부가 시작되었다.

상기는 직장생활 하면서 진급도 못 하고 실무자로 일하고 있었다. 동기들은 모두 관리자로 진급하였다. 상기는 윗사람에게 잘 보이려고 노력도 못 하는 성격이고 그렇다고 특별히 업무성과에 대한 홍보를 잘하는 것도 아니었다. 조용하게 열심히 일하는 성격이라 있는 듯 없는 듯 사무실에서의 존재가 애매했다. 없다고 티가 나는 것도 아니고, 있다고 한들 투명인간 같은 존재였다. 묵묵히 자기 일만 하는 스타일이다.

그러니 동료 직원이나 윗사람이 챙겨주려고 신경을 쓰지 않았다. 그래서일까 아직 진급도 못 하고 실무자로 일하고 있었다. 그렇다고 상기는 진급에 관심이 있는 것도 아니었다. 후배가 진급하기 전까지는 말이다. 지금까지는 상기의 선배가 진급해서 당연한 결과라고 받아들였고 그것이 정상이라고 생각했다.

직장생활 25년 차 되던 어느 날, 상기는 여느 때와 같이 아침 일찍 일어나 간단하게 씻고, 아침을 먹기 위해 냉장고 문을 열어보니 어제 저녁에 끓여 놓은 미역국이 가장 먼저 눈에 들어왔다. 냉장고 위 칸에는 어머니께서 만들어서 보내 주신 멸치볶음과 깻잎도 보였다. 상기는 미역국을 간단하게 먹기로 하고 냄비를 냉장고에서 꺼내어 가스레인지가 있는 곳으로 가져갔다. 미지근하게 데운 후 밥에 말아 순식간에 아침을 해결하고 출근했다.

회사에 도착해서 커피 한잔을 마시고 있는데, 오늘 분위기가 평상시와 조금 다르게 모두 조용히 자기 자리에 앉아 컴퓨터 모니터만 주시하고 있었다. 조금 이상하다는 느낌은 받았지만, 신경을 쓰지 않고 커피를 마신 후 자리에 앉아 컴퓨터를 켜고 공지 사항을 확인해보니 오늘이 진급 발표가 있는 날이었다.

'그렇지 오늘이 진급 발표가 있는 날이지'

상기는 혼자 중얼거렸다. 약간 긴장이 되기 시작했고 업무가 손에 잡히지 않았다. 진급 대상자 중에서 상기보다 선배는 없었다. 그래서인지 더 긴장되었다.

오후 2시 진급 결과 발표가 났다. 결과는 아쉽게 후배가 또 진급했다. 기분이 묘했다. 능력 없는 똥차가 된 기분이고 후배들 볼 면목도 없다. 지금까지 상기는 혼자 묵묵히 일만 하면 된다고 생각했는데 이것이 과연 맞는 것인지 의문이 가고 생각이 깊어지고 있다. 명절이나 모임 때 친구들을 만나면 진급했는지 물어보는 경우가 요즘 와서는 부쩍 많아졌다. 나이가 있으니 당연히 진급했겠지, 하면서 물어본다. 그때마다 민망하고 창피한 느낌이 들었고 자신감도 떨어졌다. 아이들에게도 무능력한 아빠로 보일 것 같아 집에 와서 회사 얘기는 하지 않았다.

그래서 무엇인가 변화가 필요했다. 상기의 성격은 한번 마음먹은 것은 끝까지 조용히 하는 성격이라 목표를 세우는 것부터 하기로 했다.

골프도 열심히 하니깐 홀인원도 하는데 무엇인들 못 하겠는가 하는 마음가짐을 가진다.

어디든 각자가 맡은 업무는 대부분 변화를 싫어한다. 시키는 일만 잘하면 된다는 식이다. 하지만 상기는 업무에 적용할 창의적인 생각은 평상시 가지고는 있었으나 행동으로 옮기지는 못했다.

상기는 이러던 중 우연히 변화와 혁신을 위한 업무개선 프로젝트 공모전을 알게 되었다.

'그래 이것에 도전해 보자'

상기는 그렇게 마음먹었다. 팀 구성을 위해 주위 동료들에게 설명하지만, 그 누구도 관심을 가지는 사람은 없다. 현재 업무도 바쁜데 추가로 다른 일까지 할 생각을 하니 아무도 지원하는 사람이 없었다.

"우리와는 맞지 않는 프로젝트다."

"요즘 바쁜 일이 너무 많다."

"지금 업무도 잘되고 있는데..."

등의 핑계를 대면서 난처한 표정을 짓는 사람이 대부분이었다.

상기 부서의 업무는 다른 부서를 지원해주는 업무가 대부분이다. 따라서 지원을 받는 부서에서 아무 말도 없는데 지원을 해주는 부서에서 먼저 업무를 개선해 보겠다고 제안하는 것은 스스로 무덤을 파는 것과 같을 수도 있어서 지원자가 없을 수 있다.

상기는 고민하다가 프로젝트 계획을 구체적으로 세워서 업무파트너인 다른 부서 직원에게 가서 설명했다.

"현재 문제가 있는 부분을 개선하면 업무를 보다 효율적으로 수행하는 것은 물론이고 예산도 절약할 수 있는 아이디어가 있으니 프로젝트를 같이 수행해 봅시다."

지원을 받는 부서 처지에서는 어려워했던 부분을 해결해주고 도와준다고 하는데 마다할 리가 없었다. 그래서 같이하기로 서로 합의했다.

이제 업무파트너는 설득했으니, 둘이 먼저 시작하기로 했다. 프로젝틀 하면서 많은 시간이 소비되는 것도 아니고, 특별히 어려운 점도 없다는 것을 주변에서 조금씩 알게 되었다. 상기 부서 팀원들도 한두 명씩 관심을 가지는 것 같았다. 상기는 팀원들에게 다시 프로젝트 계획을 설명하고 동참해 달라고 요청했다.

"모든 프로젝트 일은 내가 주가 되어 할 테니 여러분은 조금씩만 도와주시면 됩니다."

상기가 팀원들을 설득해서 조금씩 인원이 늘어났다.

상기가 추진하는 공모전은 수행할 과제를 선정한 후 개선해서 시험 적용해보고 결과를 제출하는 프로젝트였다. 새로운 방법으로 업무를 개선해야 하므로 실패할 확률이 있고 리스크가 높은 어려운 과제였다. 그래서 처음에는 실패도 많이 했다. 포기를 해야 하나 하면서 괴로워 했던 때가 한두 번이 아니었다. 상기는 여기서 포기하면 지금까지 했던 노력이 아까워서라도 어떻게든 최선의 노력을 했다. 마침내 그렇게 해서 프로젝트 수행을 어렵게 마치고 공모전에 보고서와 결과를 제출했다. 공모전에 참석한 팀이 너무 많아 경쟁률이 높았다. 상기는 공모전에 참석하여 도전해 본 것만으로도 큰 의미가 있다고 자신을 위로 했다.

드디어 프로젝트 수행 결과를 심사하는 날이다. 그래도 1차 심사는 무사히 통과하였다. 2차 심사는 심사위원들 앞에서 발표를 통해 정해 진다.

상기는 말주변이 없어 걱정하고 있었다. 발표의 내용도 중요하지만 발표하는 사람의 프레젠테이션 능력도 무시할 수 없다. 이런 공모전의 발표는 처음이라 더 긴장되었다. 다른 발표자들은 알기 쉽게 설명을 잘했다. 심사위원들의 질문도 별로 없어 빠른 시간에 상기 차례까지 왔다. 상기는 머리를 숙여 심사위원들에게 인사를 했다. 발표가 시작되고 준비한 내용을 첫 장부터 심사위원들에게 설명했다. 그러나 생각처럼 준비했던 내용을 전달하지 못하고 있다는 느낌이 들었다. 심사위원들의 질문이 쏟아졌다. 그래도 주어진 시간을 조금 넘겨 발표를 마쳤다.

'팀원들에게 미안한 생각이 든다.'

그래도 열심히 준비했고 발표까지 마쳤으니 마음은 후련하였다. 이제 결과만 기다리면 되었다. 몇 주 후 결과가 발표되었다. 우수상이다. 모두가 고생한 보람이 있어 기뻐했다.

공모전에서 받은 상장과 상금을 받으니 지금까지의 고생이 눈 녹듯이 녹는다. 상기는 좋은 곳에 상금을 쓰겠다고 결심하고, 공모전 입상 기념 기부를 했다. 홀인원하고 기부한 방식 비슷하게 상금 전액을 기부했다. 상기는 다음 달에도 비슷한 공모전에 참석하여 최우수상을 받았다. 도전은 여기서 멈추지 않고 계속해서 참석하여 입상했다. 또 같은 방식으로 기부했다.

상기는 업무혁신도 하면서 상금도 타고, 기부도 하고, 진급에 영향을 줄 수 있는 자력도 쌓고 1석 4조 효과가 있다고 생각하면서 만족했다. 이뿐만 아니라 기부한 사실이 알려져 신문에도 보도되었다. 상기는 습관처럼 또다시 공모전에 도전하고 연속 입상한다.

홀인원 한 행운이 있는 상금을 기부하고 나니, 우연인지 모르겠지만 계속해서 상장과 상금을 탈 기회가 많아졌다. 그때마다 기념으로 상금 전액을 기부했다. 처음부터 상금을 타서 어려운 이웃에 기부해야겠다, 마음먹고 도전을 시작하지는 않았다. 하지만 월급 이외의 수

입이 생기니 기분도 좋고, 상기 자신을 위해 쓰는 것보다 더 뜻깊은 일인 것 같아 기부를 선택하였다. 시간이 지날수록 기부는 늘어가고 있었다.

태어나서 거의 반세기 동안 상장과 상금을 타본 적이 없다. 상기는 초등학교부터 대학까지 상장이라고는 받은 것은 개근상 뿐이었다. 직장생활을 하면서도 마찬가지였다. 그래서인지 나이를 먹고 상금을 타니 신기하기고 하고, 돈의 가치를 알게 되는 것 같았다. 매달 타는 월급과 기타소득도 중요하지만, 주어진 직장생활의 임무 이외에 다른 것에 도전하여 얻어진 성과로 기부를 하니 더욱 값지고 특별하였다.

하지만 도전은 힘들고 어려운 일이었다. 새로운 일을 추진하려고 하면 주위에서의 반대와 갈등으로 인한 어려움이 있기 마련이다. 무엇인가를 개선하려면 혼자 할 수 있는 일은 없다. 서로의 협조가 중요하기 때문이다.

상기는 자기만족을 위해 열심히 도전하고 성취의 기쁨을 누렸다. 상기의 팀원들도 함께 기뻐했지만 계속되는 공모전 도전으로 각자의 업무는 조금씩 늘어났다. 공모전에 입상되면 실제 업무에 시범 적용해야 했다. 같은 월급을 타면서 다른 부서의 인원들은 여유가 있게 직장생활을 하는데, 상기 부서팀은 업무 이외에 또 다른 일을 지속해서 찾고 있으니 모든 팀원이 만족하지는 않고 있었다. 직장생활을 하면서 위에서 시키는 일이 지속해서 있는데 스스로 업무개선이 우선으로 처리하기는 어려운 일이다. 당장 발등의 불을 끄기 위해서는 시키는 일부터 해야 하기 때문이다. 그렇게 업무를 하다 보면 윗사람의 생각 이상으로는 발전이 있을 수 없다는 것을 상기는 잘 알고 있었다. 그래서 창의적인 업무에 도전하고 있었다.

한 번도 해보지 않은 새로운 일에는 리스크가 있을 수 있다. 아무리 검증을 잘해도 실수는 있을 수 있다. 상기는 공모전을 통해서 수상한 업무를 실제 적용하기 위해 분주하게 업무처리를 하고 있었다. 그러던 중 상기가 지원해주는 부서의 담당자에게 한 통의 전화가 왔다.

"이번에 시범 시작한 업무가 이상이 있는 것 같으니 사무실로 와 주세요"

상기는 하던 업무를 중단하고 황급히 달려갔다. 지원부서 근처까지 도착했는데 복도와 휴게실에는 사람이 보이지 않았다. 평상시에는 휴게소에서 커피 마시는 사람이 많이 있었다. 조금 이상하다고 생각하면서 상기는 사무실 문을 열고 들어갔다. 그런데 직원들이 앉아 있어야 할 의자에는 아무도 없었다. 상기는 담당자를 찾아 두리번거렸다. 사무실에 아무도 없어 상기는 사무실과 붙어있는 회의실로 향했다. 회의실로 들어가기 전에 문 앞에서 상기는 똑똑 노크를 했다. 들어오라는 목소리가 안에서 들려 문을 열고 들어갔다. 회의실 안에는 부서장을 비롯한 직원들이 있었고 잠시 회의를 멈추고 상기를 쳐다봤다. 상기는 비어있는 자리를 찾아 그리로 이동했다. 자리에 앉은 상기는 메모장을 펴고 연필을 꺼내어 손에 쥐고 부서장을 쳐다봤다. "이번에 공모전에서 입상한 내용을 업무에 적용해보니 문제가 발생해서 대책을 마련하는 중입니다."

상기는 이번에 문제가 발생한 부분에 대해 상세히 설명을 들었다. 상기와 팀원들은 프로젝트 수행 중에 검증을 철저히 하였으나 실제 업무에 적용해보니 생각지도 못했던 곳에서 문제가 발생했다는 것을 알게 되었다. 여러 가지 경우의 수를 다 적용해봤으나 100% 다 적용해보기는 불가능한 것이었다. 새로운 업무를 시작하면서 발생한 경제적인 손실과 업무 과실에 대한 책임을 누군가는 져야 하는 상황이었다. 혁신적이고 창의적인 업무개선을 했다고 상장과 상금을 받은 사람은 상기와 팀원들이었기에 이번 사태의 책임을 벗어날 수 없다고 생각했다.

회의장에서 나온 상기는 사무실로 향하지 않고 커피 한잔을 들고 옥상으로 향했다. 옥상에는 여러 사람이 삼삼오오 모여 이야기를 나누고 있었다. 그 사람들은 분명 다른 이야기를 하고 있었을 건데도 상기 얘기를 하는 것 같아서 옥상에 계속 있을 수가 없었다. 커피를 반쯤 마시고 사무실로 가기 위해 계단을 내려갔다. 계단을 한 발짝씩 내려갈 때마다 상기의 마음도 쿵쿵 내려앉았다. 상기는 사무실에 도착하여 팀원들에게 문제점을 말해주고 자리에 앉았다. 업무에 집중이 되지 않았다.

퇴근 시간이 되어 일찍 퇴근하려고 주차장으로 향했다. 혼자 있고 싶었다. 상기는 차 문을 열고 자리에 앉았다. 시동을 걸어야 하는데 그럴 엄두도 나지 않았다. 머리를 좌석에 기댄 채 멍하니 바깥을 주시하고 있었다. 얼마나 시간이 흘렀는지 밖이 컴컴해지는 것을 느꼈다. 그제야 상기는 시동을 걸고 천천히 집으로 출발했다. 상기는 운전 중에도 어떻게 하면 문제를 해결할 수 있을지를 생각하다 보니 어느새 집에 도착했다. 다음날 출근길도 머리는 복잡했다. 팀원들에게 피해를 주지 않고 해결할 수 있는 방법을 찾아야 할 텐데 걱정이 됐다. 출근해서 책상에 앉은 상기는 무슨 업무부터 해야 할지 막막했다. 창의적인 업무를 계속해야 할지, 그렇다고 여기서 중단해야 할지 고민이 되었다. 시행착오가 무서워 개선하지 않고 포기한다면 더 이상의 발전은 기대할 수 없다는 것을 누구보다 잘 알고 있었다, 하지만 당장 문제점이 발생했으니 그만두고 싶은 생각도 들었다. 누가 시켜서 한·일이 아니었기에 더욱 마음이 아팠다. 회사를 위해서 프로젝트를 수행했고 그 결과 상장과 상금을 받아 기부했는데 마음은 편하지 않았다.

몇 주 후 상기는 업무추진간 발생한 문제점에 대해 회계감사가 있다는 공문을 받았다. 상기는 직장생활 하면서 감사는 한반도 받아보지 않았기에 무엇을 어떻게 준비해야 할지 막막하였다. 시간은 흘러 감사 받는 날이 다가왔다. 출근과 동시에 관련 서류를 프린트하고 간단하게 설명할 자료를 만들었다. 오후가 되니 감사관의 호출이 왔다. 상기는 책상 위에 올려놓은 여러 가지 서류를 챙겨 종종걸음으로 감사실로 향했다. 상기는 왼손에는 서류를, 오른손에는 볼펜을 들고 감사장이 있는 5층에 도착했다. 그는 길게 숨을 한 번 들이쉰 다음 감사장 문을 열고 들어갔다. 상기가 인사를 하자 기다리고 있던 감사관이 의자에 앉으라고 했다. 보통 다른 사무실에 업무협조를 위해 방문할 때는 옆에 앉아서 설명했는데 오늘은 옆이 아니라, 책상을 경계로 앞에 앉았다. 처음부터 거리감이 생기는 것 같고 어색했다. 감사관은 공모전에서 입상한 내용이 어떤 것인지 간단하게 설명하라고 했다. 상기가 열심히 설명하고 있으나, 감사관은 서류만 뒤적이는 것 같은 느낌이 들었다. 상기의 설명을 다 듣고 난 감사관은 새로운 방식의 업무는 전문가의 검증이 필요하다는 의견을 제시했다. 상기 회사는 물론이고 어디에도 이 분야의 전문가는 없는데 어디서 검증을 받아야 할지 답답했다. 검증되지 않는다면 시험적용은 여기서 중단해야 했다. 아무리 생각해도 답을 찾을 수가 없었다.

상기는 퇴근도 하지 않고 책상 앞에 앉아 한숨만 쉬며 저녁도 먹지 않고 고민하고 있었다. 그러나 혼자 고민한다고 해결될 일이 아니었다. 그래서 상기는 후배에게 전화를 걸어 저녁을 같이 먹자고 했다. 평상시 자주 가던 식당에서 만나기로 하고 상기는 출발했다. 먼저 도착한 상기는 후배를 주차장에서 기다리고 있는데 후배가 오지 않자 먼저 식당 안으로 들어갔다. 친절하게 사장님이 인사를 건네자 상기도 예의를 갖추어 답례했다. 구석진 곳의 빈자리를 찾아 앉은 후 메뉴판을 쳐다보고 있는데, 후배가 도착하여 반갑게 다가왔다. 평상시 즐겨 먹던 음식을 시키고 술도 한 병 시켰다. 오늘 같은 날은 술을 한잔 마셔줘야 스트레스가 풀릴 것 같았다. 후배는 다른 회사에 다녀서 오늘 있었던 감사 관련 내용은 하지 않았다. 분위기 좋게 즐거운 얘기만 하려고 노력했다. 저녁도 먹고 술도 어느 정도 마셔서 마지막 잔을 건배하고 마신 후 술잔을 내려놓았다. 각자 가지고 온 가방을 챙기고 계산대로 향했다. 상기와 후배는 서로 계산하겠다고 카드를 꺼냈다. 후배의 카드가 사장님에게 전달되었고 상기의 카드는 멋쩍은 듯 지갑으로 들어갔다.

계산되는 동안 상기는 시계를 쳐다봤고, 옆에 걸려있는 액자도 보였다. 액자 속 오른쪽 위에는 은색의 메달이 걸려있고 왼쪽에는 특허증이라고 적혀있는 것을 보았다. 자주오는 식당이라 항상 걸려있던 액자였는데 평상시에는 보이지 않던 액자가 그날따라 눈에 띄었다. 그것을 본 상기는 마음속으로 이렇게 외쳤다.

'그래 바로 이거다. 검증을 특허로 받으면 되겠다.'

다음날 출근해서 회사내 변리사를 찾아가니 휴가중이라 상담할 수 없었다. 감사기간이라 빨리 검증방법을 찾아야 되서 상기 집 근처 변리사에게 문의하기로 했다. 변리사 사무실에 전화를 걸어 상담 예약을 했다. 6시 넘어서 변리사 사무실에 도착한 상기는 기다리고 있던 변리사와 반갑게 인사했다. 변리사도 6시에 퇴근해야 하는데 상기 때문에 기다리고 있었다고 했다. 간단하게 설명하니 특허출원은 가능할 것 같다고 해서 특허출원 하는 절차와 기존 특허 검색하는 방법을 설명 들었다. 휴가를 다녀온 상기 회사의 변리사에게도 물어보니 가능할 것 같다고 해서 감사관에게 특허 신청을 하겠다고 얘기했다.

그리고 난 후 가장 먼저 상기는 기존 특허가 있는지 검색해 보았다. 처음 보는 용어가 많아서 그런지 이해하기가 어려웠다. 법규 같은 느낌도 있고 설계도 같기도 해서, 한번에 읽어서는 이해가 되지 않았다. 몇 번을 되풀이하여 읽고 분석해 보니 조금은 이해가 되는 것 같았다. 혼자 하기는 쉽지 않을 것 같지만 회사 내 변리사의 도움을 받아 한번 해보기로 했다. 상기는 기존 특허를 조금씩 분석하고 정리하기 시작하였다. 특허청 출원 양식에 맞춰 초안을 작성하는데 몇 달이 걸렸다. 작성하고 수정하기를 반복했다. 드디어 변리사의 도움을 받아 법률용어를 추가하고 수정해서 특허청에 출원을 신청하였다. 출원 신청이 많아서 그런지 결과를 통보받기 까지는 시간이 오래 걸렸다. 6개월이 지나서 통보가 왔는데 진보성이 없다는 이유로 특허출원 거절이 되었다. 분명히 유사 특허와 차이가 있고 진보성이 있는데도 불구하고 인정을 받지 못하니 실망감도 상당히 컸다. 상기는 여기서 포기하지 않고 변리사에게 전화를 걸어 다시 한번 보정서를 제출할 것을 요청했다. 변리사는 상기의 요청을 받아들여 특허청에 서류를 다시 제출했다. 그로부터 몇 달이 지나서 특허청으로부터 거절결정을 또 받았다. 회사의 변리사도 특허청 거절결정이 타당하므로 이에 대응하지 않고 특허등록을 포기하겠다고 최종적으로 상기가 있는 부서로 통보했다.

공문을 받은 상기는 멍하니 컴퓨터만 쳐다보았다. 상기는 이제는 희망이 없어 포기할 수밖에 없었다. 2번씩이나 거절되었는데 어떻게 대응해야 하는지 이제는 막막했다. 퇴근하고 집에 와서 저녁을 먹고 바로 잠을 잤다. 상기는 일이 안 풀리거나 힘들면 잠을 자는 버릇이 있었다. 잠을 자고 일어나면 그래도 조금은 나아지는 것 같았다. 10시쯤에 일어나 거실에 앉아 텔레비전을 보고 있으나 마음은 편하지 않았다. 재미있는 드라마도 무겁게 느껴지고 기분이 우울해졌다. 지금까지 얼마나 고생을 많이 했는데 허탈하기만 했다. 그래서 상기는 다시 한번 도전해 보겠다고 다짐했다.

다음날 출근해서 회사 내 변리사가 근무하고 있는 사무실로 찾아갔다. 상기는 변리사에게 재심사 요구를 간곡하게 요청했다.

“정말 마지막으로 한 번만 기회를 주세요. 이번에 안되면 정말 포기하겠습니다. 지금 여기서 포기하면 평생 후회할 것 같으니 한 번만 더 신청해 주세요.”

처음에는 불가능하다고 얘기하던 변리사도 상기의 간곡한 요청에 어쩔 수 없이 한 번만 더 신청해 보겠다고 했다. 상기는 사무실로 돌아와 기존 특허와의 차이점과 진보성에 대해 기술적인 분석을 철저히 해서 다시 제출 준비를 했다. 이것이 마지막이라고 생각하고 온 힘을 기울였다. 변리사도 2번씩이나 거절되었는데 등록되기는 쉽지 않으니 기대를 하지 말라고 했다. 얼마 지나지 않아 믿을 수 없는 결과를 통보받았다. 특허등록이 결정되었다. 상기도 이루 말할 수 없을 정도로 기뻤다. 포기하지 않고 도전하면 안 되는 것이 없다는 것을 깨달았다. 특허등록이 돼서 기쁜데 특허청에서 포상금까지 준다는 통보를 받았다. 정말 고생해서 얻은 값진 결과였다. 상기는 특허청에서 받은 상금도 기부하기로 했다. 얼마 되지 않는 기부금이지만 누군가에게 소중하게 쓰이기를 바랬다.

상기는 이제 직장생활의 정년이 얼마 남지 않았다. 퇴직은 마지막이 아니라 지금부터 시작이라고 생각했다. 그래서 새로운 도전을 시작하려고 한다. 퇴직 후 직장생활 하면서 지금까지 겪었던 시행착오나 어려움을 여러 사람에게 알려주고, 도움이 될 수 있는 것이 무엇이 있는지 찾을 것이다.

힘든 도전으로 이뤄낸 상금을 나를 위해 쓰면 나만 즐거울 수 있고, 어려운 이웃을 위해 기부하면 모두가 즐겁다는 것을 깨달은 순간 행복은 몇 배가 되어 나에게 온다. 그래서 기부는 나를 위한 것이다.

퇴직 후에는 상금을 타서 기부하는 것은 어려울 것이다. 지금까지의 노하우와 경험을 살려 재능기부를 통하여 어려운 이웃에 도움을 주는 것도 큰 의미가 있다고 생각한다.

상기는 재능기부를 위해 퇴근 후 학원과 도서관을 다니면서 자기계발을 위해 열심히 노력하고 있다. 상기의 특별한 기부는 멈추지 않는다.

코발트 블루

한

한

퇴사가 특기인 워커홀릭. 좋지만 싫고, 싫지만 좋은 아이러니. 기억되고 싶지 않고, 잊히고 싶지 않다. 모든 일에는 이유가 있지만, 이해는 없다. 기억되지 않을 것에 대해 기록하고자 한다. 쓸데없는 것에 온전한 애정을 보낸다.

벽에 걸려있는 시계는 10시를 넘어가고 있었다.

깜깜한 어둠 속에서 고른 숨소리가 들렸다. 진료실 한쪽 구석에 자리 잡은 소파에 반쯤 몸을 눕힌 정우가 잠을 자고 있었다. 숨을 내쉴 때마다 길게 내려온 앞머리가 눈가에서 흔들렸다. 간지러운지 코를 찡끗거린 순간, 정우는 한겨울 바닷물에 빠진 것 같은 차가움을 느꼈다. 다리를 끌어당겨 작은 담요 안으로 몸을 웅크렸다. 하지만 차가움은 시린 통증으로 변해 발목을 지나 종아리까지 번지고 있었다. 미간을 찌푸리며 눈을 떴지만, 잠에 취해 있는 몸에는 힘이 들어가지 않았다. 정신이 돌아오기를 기다리며 발가락만 꼼지락거렸다.

어둠에 익숙해진 정우의 눈에 조금이지만 선명한 파란색이 보였다. 사람에게서 떨어져 나와서도 옅어질 기미가 보이지 않는 파란색이 잠든 정우에게 달라붙은 것이다. 다리를 타고 스멀스멀 올라오는 색이 징그럽게 느껴졌다.

한기를 퍼뜨리며 정우의 몸에 달라붙는 색을 짜증 섞인 손짓으로 휘젓자 손가락 사이로 얼음보다 차가운 기운이 퍼졌다. 손을 무릎에 비벼 열을 내 보았다. 손안에서 만들어지는 열기로는 손가락과 무릎에 남아있는 차가움을 사라지게 하지는 못한다. 알면서도 습관적으로 몇 번 더 무릎을 쓸어내리며 주변을 살펴보았다.

책상과 의자, 한쪽 벽면을 가득 채운 책장, 가지런히 꽂혀있는 책들, 반대쪽 벽에는 초침 소리도 없이 열심히 움직이는 시계, 그 아래에 정우가 누워있는 낡은 소파.

혼자 사용하기에는 넓어 보이는, 정우를 닮아 깔끔하고 군더더기 없는 삭막한 진료실이었다.

정우는 소파에서 몸을 일으켜 책상 위에 있던 커피를 한 번에 들이켰다. 향도 남아있지 않은 식은 커피로는 잠을 몰아내지 못했다. 오히려 책상 위에 놓인 차트를 보자 머리가 굴러가기 시작했다. 차트를 펼치자 정우를 닮은 까칠한 글씨가 빼곡히 적혀있었다.

잠들기 전의 고민이 떠오르자 절로 인상이 찌푸려졌다.

그러니까 6시 5분 전.

"퇴근 안 해요?"

진료실 문틈으로 얼굴만 겨우 내밀은 선하가 웅얼거리는 소리로 퇴근 여부를 물었다.

"신경 쓰지 말고 문 닫…… 아."

오늘도 어김없이 진료실 문에 붙어 얼굴만 내미는 선하는 정우의 말이 입에서 다 나오기도 전에 이미 사라지고 없었다. 같이 나가자거나, 함께 남아서 일을 도와주겠다는 말은 하지 않는다. 하루도 빠지지 않고, 퇴근 인사를 가장한 반항이 계속되자 슬슬 짜증이 나기 시작했다.

"코발트 블루…… 짜증나."

선하는 이정우에게 '정신정신병원'에서 함께 일하자는 제안을 받았다. 한강에서의 작은 해프닝으로 명함을 건네주었는데, 알고 보니 그 유명한 이정우 선배였다. 하지만 그에 대한 소문에 따르면 그 정도 해프닝으로 안면도 없는 후배에게 같이 일하자고 제안할 사람이 아니었다. 눈앞에 있는 창백한 인상의 사람이 진짜 이정우인지 의심이 갔다.

이정우가 운영하는 '정신정신병원'은 일반적인 기준으로 보자면 절대로 좋은 일자리가 아니었다. 낮은 연봉, 도심에서 떨어진 애매한 위치, 불편한 교통편, 이해할 수 없는 병원의 이름. 무엇보다 이정우와 함께 일한다는 것이 최악의 조건이었다.

이정우는 재학시절부터 유명했다. 사람에게는 일말의 관심도 없으면서 정신과 의사가 되기 위해 의대에 입학한 것부터 이상했다. 이정우는 언제나 혼자였는데, 누군가 접근하면 차갑게 밀어냈다. 수업을 제외하고는 학교에 나타나는 일이 없었고, 수업 외에는 그 어떤 친분활동도 하지 않아서 유령으로 불렸다. 이정우와 친해지려는 사람은 많았지만, 유령과 친해질 수 있는 사람은 아무도 없었다.

전문의 자격을 따자마자 개원을 한 것으로 동기들 사이에서 시기와 질투를 받았다. 병아리 의사라며 비꼬던 동기들을 비웃듯 이정우는 다른 병원에서 도저히 치료되지 않는 중증 환자만 받았다. 그리고 이정우의 환자는 모두 완쾌되는 것으로 더욱 유명해졌다. 하지만 유령과 친해질 기회를 놓치고 싶지 않아 제안을 받아들이며 별생각 없이 질문을 던졌다.

“선배님은 혼자 일한다고 들었는데, 왜 저한테 제안 주신 거예요?”

“선하씨가 코발트 블루라서요. 대체로 순수하거든요.”

한참이나 뜸 들인 다음 엉뚱한 소리를 하는 이정우에게 선하는 불편한 기색을 숨기지 않고 보냈다. 선하의 눈빛을 가볍게 무시하며 이정우가 손을 뻗어 악수를 청했다. 우울한 얼굴에 미소가 보이자 창백한 얼굴이 조금은 사람처럼 보였다. 여전히 미소를 머금은 얼굴로 앞으로 내민 손을 살짝 흔들어 보였다. 잡힌 손을 두어 번 위아래로 흔들고 놓았을 때는 미심쩍은 느낌보다 함께 일하자는 제안을 준 이정우에 대한 호감만 남았다.

‘정신정신병원’에 출근한 첫날, 정우는 1층 커피숍으로 선하를 불렀다.

병원에 대한 간단한 설명과 업무에 대한 상세한 주의 사항을 전달받는 선하의 얼굴에 긴장이 흘렀다.

“꼭 필요한 내용이니까, 반드시 숙지해주세요.”

정우는 빽빽하게 타이핑된 종이뭉치를 선하 앞으로 내밀었다. 타이핑된 활자는 이정우를 닮아 까칠함이 느껴졌다. 선하는 종이뭉치를 조심히 들어 읽기 시작했다. 의사로 고용한 것인지, 잡부로 고용한 것인지 의심될 만큼 온갖 잡다한 일이 끝도 없이 적혀있었다. 특히 납득할 수 없는 조항이 마음에 가시처럼 박혀왔다.

특별한 경우를 제외하고는, 이정우의 진료실에 들어오지 않는다.
특별한 경우라 하더라도, 이정우의 반경 1m 이내로 접근하지 않는다.

종이에 적힌 글을 모두 읽은 선하는 소리없이 절규했다.
'이…… 미친놈'

선하는 정우가 말한 규칙을 모두 지키면서도 아슬아슬하게 신경을 긁었다. 자신은 알지도 못하는 방법으로 정우를 괴롭게 하고 있었다. 선하가 연 문틈 사이로 칙칙한 적갈색이 뭉글거리며 진료실 안으로 들어오고 있었다.

"이딴건 흘리지 말라고. 좀."

서둘러 문을 닫아버렸다. 안으로 들어온 적갈색은 발로 밟아 없애버렸지만, 정우의 발에는 땅에 붙어버릴 것 같은 무거움이 흔적처럼 남았다. 매일 반복되는 패턴에 머리가 복잡해져 구석의 낡아빠진 소파에 몸을 눕히고 멍하니 천정을 바라봤다. 선하만큼 정우의 머리를 복잡하게 만드는 존재가 떠올랐다.

주서연.

아역 배우로 시작해서 10년이 넘도록 단 한 번도 대중의 관심에서 벗어난 적이 없는 인기스타. 끝없는 악플과 한없는 인기를 동시에 누리는 이슈메이커.

그녀의 주변은 이해되지 않을 정도로 극단적인 사람들뿐이었다. 과도한 애정으로 무슨 말을 해도 사랑을 외치는 팬들과 말 한마디에도 온갖 억측을 담아 비난하는 안티는 일반적이라고 할 수 있었다. 하지만 주서연을 사람이 아닌 돈 벌어오는 기계로 생각하는 소속사 사람들, 시청률만 유지된다면 무슨 일이든 시키는 스태프들, 질투에 눈이 멀어 악담을 퍼부으면서도 그녀의 곁에서 기생하는 친구들. 그녀의 인간관계가 얼마나 엉망인지 알 수 있었다.

더 이상 감당할 수 없는 지경에 이르러서야 사람들로부터 해방되고 싶은 마음이 주서연의 입을 막아버렸다. 입을 열어도 말이 나오지 않는 주서연은 활동을 멈출 수밖에 없었다.

하지만 돈 버는 기계의 목소리를 찾고 싶은 소속사 대표는 주서연을 정우의 병원에 보냈고, 그렇게 주서연은 한 달 전부터 정우의 병원에서 선하에게 치료받고 있었다.

주서연은 우울 증상은 있지만, 정우의 관점에서는 심각한 수준은 아니었다. 대신 사람들에 둘러싸여 병원을 나서는 주서연을 봤을 때, 그녀의 진짜 문제를 알게 되었다. 주서연은 사람들이 내뿜는 예민하고 뾰족한 색을 흥분시키고 있었다. 옆에 있던 매니저의 색이 요동쳤고, 진하게 흘러나온 색은 주서연과 매니저가 병원을 떠나도 흩어지지 않았다.

주서연이 병원에 올 때마다 벌어질 끔찍한 일이 상상되었다. 끈적거리는 색들이 병원을 가득 채울 것이고, 무균실처럼 깨끗한 정우의 진료실 안으로도 기어들어 올 것이다. 심혈을 기울여 마련한 안전지대에 폭탄이 떨어진 것이다.

정우에게는 단순히 골칫덩어리였지만, 선하에게는 위험했다. 주서연의 색에 가장 큰 영향을 받는 것은 선하였다. 다른 사람들보다 심하게 커지는 선하의 색은 정상이라고 할 수 없었다. 이대로 둘이 계속 만난다면 선하를 환자로 정우를 만나게 될 가능성이 컸다.

주서연을 보지 않을 수만 있다면, 없는 병도 완치시켜 주고 싶은 심정이었다. 늦은 나이에 의사가 되겠다고 식음도 잊고 공부하던 때보다 더 많은 노력을 쏟고 있지만, 주서연으로 인해 흥분된 색을 진정시키는 방법을 찾는 것은 리만 가설을 증명하는 것보다 어려웠다.

"내 문제만으로도 인생이 피곤한데, 그냥 좀 딴 병원에 가주라."

정우는 푸념을 중얼거리며 발치에 있던 담요를 끌어당겼다. 정우의 몸에 딱 맞게 자리잡힌 낡은 소파는 편안함을 주었다. 소파에 몸을 맡기자 졸음이 몰려왔다. 아무 생각도 하고 싶지 않아 눈을 감았다. 졸음에 빠져드는 머릿속으로 어릴 적 기억이 찾아왔다.

정우가 기억할 수 있는 가장 오래된 기억에도 색이 존재했다. 정우에게 색은 특별히 의식하지 않아도 항상 존재하는 공기와 같은 것이었다. 언제부터 볼 수 있었는지, 왜 보게 되었는지도 모른다. 색에 대한 의문을 가져 본 적이 없었다.

어린 정우의 기억 속 가족은 때로는 무지개 같고, 때로는 구름 같고,

때로는 밤하늘 별처럼 아름다운 색이었다. 아이스크림을 한 통 다 비워 탈이 난 배를 만져주는 엄마의 손에는 봄날의 햇살 같은 포근한 베이지색이 보였고, TV 속 개그맨 흉내를 내는 동생의 어깨에는 날개처럼 움직이는 신기한 보라색이 보였다. 매일매일 새로운 색으로 변하는 가족들의 모습은 정말 아름다웠다. 가족뿐만 아니라 정우가 만나는 대다수 사람들은 신비로운 색에 감싸여 있었다.

초등학교를 입학하고 나서야 정우의 눈에만 색이 보인다는 사실을 알게 되었다. 하지만 두렵기보다는 다른 아이들은 보지 못하는 것을 혼자만 본다는 사실에 우쭐대는 마음이 더 컸다. 한살 한살 나이를 먹고, 아는 사람이 하나둘 늘어날수록 예쁘게 일렁이던 색들은 조금씩 탁해지거나 칙칙한 색이 늘어갔다.

그래도 정우의 세상은 여전히 아름다웠다.

중학교 입학 후 얼마 지나지 않아, 색이 정우에게 들러붙기 시작했다. 사람들이 내뿜고 있는 색이 정우에게 닿으면 끈적하게 달라붙어 떨어지지 않았다.

처음으로 정우에게 붙은 색은 투명한 은색이었다.

고백을 받았다. 머리카락 사이로 보이는 귀까지 붉게 달아오른 얼굴을 어색하게 바라보았다. 눈도 마주치지 못하고 딴소리만 하던 아이의 주변으로 은색이 점점 선명해졌다.

"나랑…… 사귈래?"

지금까지 한 번도 본 적이 없는 예쁜 색을 신기하게 바라보던 정우의 귀에 겨우 들린 목소리였다. 색에서 시선을 떼고 고개를 들자 눈이 마주쳤다. 그 순간 살랑거리며 움직이던 색이 세 걸음쯤 떨어진 정우를 향해 쏘아지듯 뿜어져 나왔다. 마치 색이 정우에게 달려드는 것 같았다. 정우는 깜짝 놀라 한걸음 뒤로 물러섰다. 더 이상 고백의 말은 없었다. 붉은 얼굴이 터질 듯 빨개지더니 휙 소리가 나게 뒤돌아 건물 뒤편으로 달아났다. 그 아이가 지나간 자리는 맑은 시냇물이 흐르는 것처럼 보였다. 유독 투명한 그 은색은 흩어지지 않고 시냇물처럼 반짝였다. 몸에 달라붙어 있던 은색으로 정우가 물드는 동안, 반짝이는 은색 시냇물도 정우가 서 있는 곳으로 천천히 흘러왔다.

그동안 보기만 하던 색을 만질 수 있었다. 그리고 손에 잡힌 색이 정우의 안으로 흡수되고 있었다. 정우는 손에 만져지고 몸에 달라붙는 색이 신기했다. 주변에 있던 색도 만져보았다.

'두근, 두근.'

그동안 있는 줄도 몰랐던 조용한 심장이 귀 옆에 있기라도 한 것처럼 요란한 박동 소리를 내며 뛰기 시작했다. 정우의 머릿속이 요동쳤다. 고백을 받기 전에는 어색하기만 했는데, 지금은 부끄러움과 미칠 듯한 설렘이 머릿속을 가득 채우고 있었다. 그 아이의 것이 분명한 감정이 불편할 정도로 선명하게 느껴졌다.

그 투명한 은색은 첫사랑이었다.

색이 달라붙기 시작한 초반은 끔찍한 일상의 연속이었다. 한집에 사는 가족들의 색은 정우에게 쉽게 달라붙었다. 특히 금요일 저녁 식사를 하는 날이면 가족들의 색이 정우에게 달라붙기 일쑤였다.

정우의 아버지는 타지에서 근무하셨다. 금요일 저녁에 집으로 오셨고, 월요일이면 새벽 일찍 기차를 타고 회사가 있는 대전으로 가셨다. 정한 적은 없지만, 금요일 저녁은 당연하다는 듯이 파티를 했다. 동네 마트에서 사 온 삼겹살과 새로 나온 치킨을 주문하고 '파티다. 파티.' 라고 외치면, 저녁 식사는 가족들만의 작은 파티가 시작되었다. 한 주 동안 있었던 일들에 대해 쉼 없이 웃고 이야기하는 작은 파티는 정우 가족에게 가장 행복한 시간이었다.

하지만 즐거움이 선명한 색으로 커질수록, 색은 정우에게 달라붙었다. 정우가 색에 물드는 일이 빈번해질수록, 함께 웃음을 나누던 가족들의 눈에서 즐거움이 사라졌다. 무덤덤한 목소리로 일상을 이야기하는 조용한 식사 시간으로 변해갔다.

가족들의 눈에서 아무것도 없는 공허함을 본 정우는, 점차 가족들과 함께하는 것을 피했다. 정우가 빠진 어느 금요일 저녁으로 누그러진 행복이 다시 찾아왔다.

그렇게 정우는 행복을 잃어버렸고, 행복을 되찾았다.

매일 보는 친구들과의 사이도 마찬가지였다. 쉬는 시간만 되면 매점까지 누가 먼저 가는지 경쟁하던 형석이도, 점심은 마시듯 해치워 버리고 땀을 뻘뻘 흘리며 운동장을 함께 뛰어다녔던 진영이와 혁수도, 시험 기간만 되면 극장에서 밤늦게까지 시간을 보내던 민재도. 그들의 눈에서도 정우를 향한 감정이 서서히 사라졌다.

친구들에게는 없고, 정우에게는 너무 진하게 남겨진 감정 때문에 지랄 발광 같은 사춘기를 보냈다. 정우의 곁에는 친하지도 않고, 안 친하지도 않은 애매한 관계의 사람들만 존재했다.

정우의 일상에서 사람들이 사라질수록, 정우는 색에 대해 더 많이 알게 되었다.

첫 번째, 색은 일정 수준 이상으로 선명해지면 만질 수 있었다. 그래서 색이 선명해지면 닿지 않도록 거리를 두어야 했다. 하지만 사춘기 아이들로 가득 찬 교실은 시한폭탄을 끌어안고 있는 것과 마찬가지였고, 예고도 없이 폭발하는 색들로 하루하루가 불꽃놀이 축제였다.

두 번째, 색에는 감정이 담겨있었다. 하지만 같은 감정이라도 사람마다 색이 달라서 위험을 구분하는데, 어려움을 겪었다.

교실 뒤에서 육두문자를 섞으며 다시는 보지 않을 것처럼 싸우는 녀석들도 물에 젖은 연두색이었고, 짝꿍과 손을 잡고 선생님을 따라 야외 학습을 가는 꼬마들도 구름처럼 뽀송한 연두색이었다. 사랑은 핑크빛이고, 분노는 새하얗게 타오를 것 같지만, 현실은 전혀 그렇지 않았다.

세 번째, 색은 안으로 들어가거나 밖으로 퍼지는 경향을 보였다.

슬픔이나 우울 같은 감정은 안으로 들어가려는 속성이 보였고, 이런 색은 대부분 탁하고 칙칙하게 변했다. 안으로 들어가는 색은 느려서 조심만 하면 닿지 않도록 피할 수 있었다. 하지만 한번 닿으면 끈적하게 들러붙어 떼어내기가 쉽지 않았다.

행복이나 열망 같은 감정은 밖으로 퍼지려는 속성이 있었다.

안으로 들어가려는 색보다 움직임도 빠르고, 갑자기 커지는 일도 자주 있었다. 쉽게 변하고 빠르게 움직이기 때문에 신경을 곤두세우고 지켜보지 않으면 색이 들러붙을 가능성도 컸다.

시간이 지나면서 언제 변할지 알아챌 수 있는 힌트를 발견했다. 모양이나 크기가 변하기 직전에 반짝거림이 생겼는데, 그 반짝거림이 눈에 띌 정도로 보이면 무조건 피하는 것이 상책이었다.

네 번째, 누군가 색을 내뿜는 중에 정우가 그 색을 만지면 색 안의 감정이 정우에게 옮겨졌다. 그동안 우쭐대는 마음으로 보던 아름다운 색들이 더는 아름답지 않고, 반짝거림이 피하고 싶을 만큼 징그러워진 이유다. 다른 사람의 색에 물들어 감정이 강제로 주입되는 것만으로도 충분히 불쾌하지만, 감정이 사라진 메마르고 텅 빈 눈을 볼 때면 목구멍으로 쓴 물이 넘어오곤 했다.

마지막으로, 아우라.

드물지만 아우라가 섞여 있는 색을 내뿜는 사람이 있다. 아우라는 정우가 멋대로 붙인 이름이다. 인체로부터 발산되는 영혼적인 에너지라고 하니 딱 맞는 이름이기도 했다.

무작정 사람을 피해 다니느라 몸도 마음도 지쳐가고 있던 어느 날, 속수무책으로 색이 흡수된 적이 있었다. 사람들에게서 떨어져 나왔으면서도 흩어지지 않고 정우에게 들러붙는 색 때문에 며칠째 잠을 잘 수 없었다. 색의 흔적을 피해 집 근처 공원으로 가는 중이었다. 이른 새벽, 주택가의 적막은 정우에게는 안정을 주었다. 골목을 빠져나가려 할 때, 마지막 집 대문이 벌컥 열렸다. 여든은 훌쩍 넘어 보이는 왜

소한 체구의 할머니가 수건 뭉치를 품에 안고 허둥지둥 뛰어나왔다.

할머니 주변에는 짙은 회색이 심하게 일렁이고 있었다. 안으로 들어가려는 색은 대부분 움직임이 크지 않은데, 할머니가 내뿜고 있는 회색은 위화감이 들 정도로 불안정하게 보였다. 사람과 닿지 않으려고 안간힘을 쓰는 정우가 할머니에게 말을 건 것은 그 위화감 때문이었다.

"저기…… 무슨 일이세요?"

정우는 할머니의 색이 닿지 않을 정도로 떨어진 거리에서 물었다.

"설탕이가…… 우리 설탕이가……"

할머니는 품에 꼭 끌어안고 있는 수건 뭉치를 내려다보며 설탕이라는 말만 되풀이했다. 수건 뭉치 안으로 강아지가 보였다. 가만히 안겨 있을 뿐 움직임은 없었다. 살짝 벌어진 주둥이를 보고 있는데, 할머니가 자리에 풀썩 주저앉았다.

저도 모르게 할머니를 향해 손을 뻗었다. 형체를 바꿔가며 빠르게 커진 회색이 정우가 뻗은 손에 색이 닿았다. 할머니의 회색은 깊이를 알 수 없는 슬픔과 외로움 그리고 안식이었다.

정우는 손끝을 물들이며 흡수되고 있는 감정이 마치 자신의 것처럼 느껴졌다. 그래서 색에 물드는 경험을 한 이후 처음으로, 할머니의 감정을 모두 흡수해 슬픔과 외로움을 없애주고 싶었다. 그리고 그 안에 있는 안식도 조금 더 느끼고 싶었다.

정우가 할머니의 색을 흡수하자 주름진 할머니의 얼굴에 허탈함만이 남았다.

“아이고, 우리 설탕이가 갑자기 이렇게 돼 부렸네.”

고저 없이 내뱉는 목소리에는 단지 설탕이가 떠났다는 사실에 대해 안타까움만 남았다. 슬픔과 외로움, 그 안에 깊게 자리한 안식까지 모두 사라졌다. 할머니의 회색은 다른 색으로 변해 있었다. 얼굴이 흠뻑 젖도록 눈물을 흘리는 정우를 이상한 사람처럼 바라보았다. 해가 뜨기 시작하는 새벽 거리에서 모르는 사람과 쭈그려 앉아있는 상황이 어색한지 할머니는 정우를 흘끔흘끔 쳐다보며 집으로 들어갔다.

할머니로부터 전달된 슬픔과 외로움은 한동안 지속되며 정우의 생활을 엉망으로 만들 것이다. 하지만 그 안에 작게 자리한 안식은 힘들기만 한 정우를 위로해 줄 것이다.

얼마나 앉아 있었는지 쭈그리고 있던 다리가 저렸다. 다리에 힘을 주고 천천히 공원을 향해 걸음을 옮기는데, 알 수 없는 묘한 느낌에 걸음이 멈춰졌다. 평소와 다른 것 없는 적막한 새벽 풍경인데 분명 다른 것이 있었다. 슬픔과 외로움이 가득한 정우의 시선에 색이 보였다. 색이 보이는 것에 흠칫 놀라서 주변을 둘러보았다.

아무도 없었다. 텅 빈 거리에서 색이 보이는 것이다. 정우는 두 손을 바라봤다.

색이었다. 흐릿하지만 점점 바다색으로 진해지고 있었다. 바다색은 상쾌한 푸른빛을 머금어 어떨 때는 녹색으로 보였고, 어떨 때는 파란색으로 보였다. 지금까지 한 번도 본 적 없는 정우의 색이었다.

남들보다는 흐릿하지만 정우의 몸 주변으로 분명히 색이 보였고, 색이 존재하는 동안은 다른 색들이 정우에게 들러붙는 일이 없었다.

너무 진해서 검은색으로 보일 정도로 짙은 색을 내뿜는 사람에게 말을 붙였다.

"제가 지금 너무…… 이상해서…… 그러니까, 저, 저 좀……"

대다수 사람들은 미친놈처럼 핼쑥해진 얼굴로 중얼거리는 정우를 피했다. 하지만 몇 명은 정우를 안아주었다.

"괜찮아요. 다 괜찮아져요."

등을 토닥이며 괜찮다고 말하는 목소리에서 고운 모래처럼 반짝이는 송화색을 보았다. 하지만 정우를 감싸고 있는 송화색에 어떤 감정이 섞여 있는지 느껴지지 않았다. 정우의 안에는 놀라움과 서러움이 있었다. 이내 알듯 모를듯한 슬픔이 안도감으로 변했다. 이 모든 감정은 정우의 것이었다. 연지색에서 청벽색으로 변하고 있는 것은 정우가 내뿜는 색이었다. 며칠이 지나도 없어지지 않는 색은 정우에게 남들과 같은 평범한 일상을 선물해 주었다.

드디어 이 징글징글한 색에서 벗어날 수 있다는 희망이 생겼다. 정우는 색을 만들기 위해 온갖 노력을 다했다. 할머니에게서 보았던 회색을 찾아 흡수해 보았지만 정우의 색은 보이지 않았다.

'색이 아니라 감정인가. 할머니가 느꼈었던 슬픔, 외로움. 안식. 그런 감정이었나.'

색이 아닌 감정을 찾는 일은 생각보다 어려웠다. 같은 감정이라도 사람마다 다른 색을 내뿜기 때문에 무작정 흡수해 보기로 했다. 그동안 피하기만 했던 색들을 닥치는 대로 만지고 다녔다. 그래도 정우의 색은 나타나지 않았다.

계속되는 실패로 다급해진 정우는 확실한 방법을 택했다. 몇 년 동안 근처에도 가지 못했던 장소는 극장이었다. 객석이 가득 찬 극장 안은 같은 색이라도 다양한 감정일 확률이 높았다.

영화가 끝나고 불이 켜졌지만, 정우는 부들부들 떨리는 다리 때문에 움직일 수 없었다. 매진이라는 것만 확인하고 표를 끊었는데 하필이면 공포영화였다. 자리를 정리하며 내려오던 스태프에게 수상한 기운의 자주색이 보였다. 색이 흡수되는 것을 더는 버틸 여력이 없어 비틀거리며 밖으로 나왔다. 구석에 있는 의자에 쓰러지듯 앉았다. 공포로 진정될 기미가 없는 몸을 살펴봤지만, 여전히 색은 보이지 않았다.

"이따위로 만들어놓고 무슨 최고의 공포냐. 완전 속았어."

"하여간 노이즈 마케팅이 문제라니까."

불평불만을 쏟아내며 지나가는 사람들은 정우의 옆에 앉아있던 사람들이었다. 정우에게는 트라우마를 심어준 영화로, 사람들에게는 세상에서 제일 재미없는 공포영화로 기억되는 순간이었다.

타인의 감정이 머릿속에서 사라지기도 전에 다른 색을 흡수하는 일이 계속되자, 정우의 몸은 망가지고 있었다. 깊은 슬픔과 애절함 위로 한없이 솟아오르는 뿌듯함이 정우의 안을 휘저었다. 그 옆으로 절망과도 같은 애틋함이 있었으며, 가라앉힐 수 없는 분노와 대상 없는 욕심은 뒤죽박죽 섞여 하루에도 열두 번씩 정우를 흔들고 있었다.

더는 버티지 못할 지경이 되어서야 색을 흡수하는 일을 멈추었다. 여행지와는 거리가 먼 한적한 바닷가 마을로 도망치듯 숨어버렸다. 외지인의 출입 없이 평생을 살아온 마을 사람들은 정우가 방을 빌려 한동안 머문다고 하자, 호기심에 이런저런 관심을 보였다. 하지만 말도 없고 사람을 피하는 정우는 곧 사람들의 관심에서 멀어졌다. 정우의 생사를 확인하려는지 가끔 먹을 것을 챙겨오는 마을 이장만이 정우가 대화하는 유일한 사람이었다. 이장은 적당한 관심과 미미한 책임감으로 정우를 대했다.

사람들과 떨어져 있자 정우의 마음은 평온한 상태로 돌아왔다. 안정을 찾은 정우는 이장의 적당한 관심이 편안했다. 이장의 색은 언제나 일정한 크기를 유지했고 잘 움직이지도 않았다. 이장의 색은 정우와 평온한 거리를 유지하고 있었다. 오랜만에 적당한 관계의 사람이 생겼다.

정우는 소일거리 하는 셈 치고 이장이 부탁하는 간단한 일을 맡게 되었다. 파란 지붕 집의 노인장을 도와주는 일이었다. 캐나다에 있다는 딸에게서 편지가 왔는데, 그동안 모아놓은 편지를 눈이 좋지 않은 노인장에게 읽어주었다. 노인장의 집에서 저녁을 먹고, 편지를 읽어주는 일이 하루의 일과가 되었다.

그렇게 편지를 읽다 보면 노인장에게서 살굿빛 색이 나오곤 했다. 그리움이 묻어있는 행복이었다. 정우는 노인장이 품고있는 행복을 빼앗지 않기 위해 일부러 쓸데없는 소리로 노인장의 화를 돋우기도 했다.

그날은 살굿빛 색이 나오는 것을 보고는 화를 돋우기보다 집으로 돌아오기 위해 서둘러 일어났다. 부스럭거리며 노인장이 무언가를 주머니에서 꺼내어 막무가내로 정우의 손에 쥐여줬다. 정우의 손에 쥐어진 박하사탕을 보자 살굿빛 색에 물들고 있었다.

애틋한 온정이었다.

손안의 따스함에 미소 지으며 얼굴을 들었다. 살굿빛 색이 사라진 노인장의 얼굴은 고약함만 남아 있었다.

"자야겄어, 어여 가. 내일은 좀 일찍 와."

"……"

대답 없는 정우를 그 자리에 두고 노인장은 방으로 들어가 버렸다. 정우는 당황스러움과 죄책감으로 서둘러 집을 나왔다. 멀찍이 떨어져 있는 가로등의 불빛을 따라 집으로 돌아가는 정우에게서 우유처럼 말간 하얀색이 뿜어져 나오고 있었다.

정우는 몇 번의 경험을 계속 생각해보았다. 소중하게 담아둔 색에 무언가 있는 것이다. 색에 담긴 그 무언가가 정우의 색을 보이게 만드는 것이다.

'소중함이 담겨있는 색. 아우라는 누군가의 소중한 마음이구나.'

깨달음을 얻고 나니 씁쓸함에 몸이 떨렸다. 아우라가 담긴 색을 가져온다는 것은 그 사람의 감정도 함께 가져오는 것이기 때문이다. 하지만 '그렇구나' 하고 포기할 수도 없었다. 일상생활을 가능하게 만들어주는 자신의 색이 절실했다.

정우는 아우라를 가져오는 대신, 가장 불행했던 감정도 없애주면 된다고 스스로를 합리화시켰다. 자신도 어쩔 수 없는 어두운 감정을 가지고 정우를 찾아올 수 있도록, 그 어둠을 없애준다면 소중한 감정 하나쯤은 정우가 가져가도 고맙다고 할 것 같은 그런 사람들이 필요했다.

정우는 늦은 나이에 대학에 진학했고, 정신과 의사가 되었다.

'정신정신병원'이 있는 건물의 1층은 커피숍이었다. 주인의 취향이 너무 독특해서 손님은 거의 없었다. 정우는 자연스레 단골이 되었다.

한 몸처럼 서로의 몸을 부둥켜안은 남녀가 문을 열고 들어왔다. 중앙에 커다란 어항이 자리 잡은 다방식 실내장식과 한쪽 구석에서 음침한 표정을 짓고 있는 정우를 보더니 흠칫 놀란다. 여자가 남자에게 귓속말하고는 그대로 나가버렸다. 커플이 내뿜는 정신없는 색에 질색하던 정우의 표정이 조금 풀렸다. 손님이 없는 데는 주인의 취향보다 더 큰 원인이 있었다.

정우는 진료실보다 더 많은 시간을 1층 커피숍에서 보냈다. 특히 선하가 상담치료를 하는 날은 정우의 지정석이 되어버린 구석 테이블에서 온종일 빈둥거렸다. 오늘은 선하가 상담치료를 하는 날은 아니지만, 도둑이 제 발 저리듯 선하를 피해 지정석에 앉아 커피를 마시고 있었다. 정우의 머리 위에서 불만의 목소리가 들렸다.

"선배. 주서연 환자, 다른 병원으로 가라고 했어요?"

"입원 치료가 필요해. 우린 입원실이 없고."

"입원실 없어도 충분히 치료할 수 있는 환자고. 그리고 제 환자예요. 선배가 마음대로..."

"지금. 1m 안 되는 거 같은데?"

선하는 말도 안 되는 소리를 들은 듯이 어이없는 표정이 되었다. 정우의 황당한 소리에도 혈압이 오르는지 마음을 진정시키고자 차분히 심호흡을 반복했다. 선하는 멀찍이 떨어진 테이블에 자리를 잡고 앉았다. 본격적으로 얘기해 보자는 태도였다. 다른 테이블에 앉아 있지만, 고개만 들면 정면으로 마주 보게 되는 자리였다. 오늘도 우울한 풀색이 잔뜩 달라붙어 있는 선하를 보지 않기 위해 정우는 고개를 돌렸다.

"주서연 씨. 실어증은 가짜지만, 마음이 아픈 건 진짜예요. 그리고 이제 조금씩 마음을 열고 있어요. 꾸준히 상담하다 보면 입원하지 않고도 좋아질 수 있어요."

"넌 주서연을 환자로 보는 게 아니야. 그리고 너무 깊이 관여하고 있어."

"그래요, 제가 주서연 씨한테 감정이입이 되었다고 쳐요. 도와주고 싶어서 그런 거잖아요. 주서연 씨는 도움이 필요하고, 저는 제가 할 수 있는 일을 다 할 거예요"

"관심을 너무 많이 받아서 생긴 병이야. 사람들의 관심이 적당히 사라져야 뭐든 시작할 수 있어. 그런데 넌 지나치게 관심이 많지. 치료받는 주서연보다 치료하는 네가 중요한 거야?"

"그건......"

“뭐가 중요하든 상관은 없는데…… 아니 너한테 진짜 중요한 건.”

“……”

선하는 비법을 전수받는 사람처럼 비장한 시선으로 정우를 바라봤다.

“너랑 주서연은 상극이야. 색이 너무…… 안 어울려.”

“아니, 무슨…… 선배! 제발 좀 진지하게 생각해줘요. 아니면. 다른 의사 말고 선배가 맡아줘요. 다른 병원은 안 돼요.”

주서연의 색은 정우에게는 아무런 영향도 주지 못했다. 색이 없는 정우에게는 영향을 미치지 못하는 것 같았다. 하지만 더는 색의 비밀 따위 알고 싶지 않았다. 특이한 색을 가진 사람에게 관여하는 건 선하, 한 명으로 충분했다. 지금도 선하의 색에 관여한다기 보다는 지켜보고 있는 것 뿐이지만, 지켜보는 것만도 정우에게는 피곤한 일이었다. 정우에게 사람에 대한 호기심은 피곤을 더하는 일이었다.

사람에게서 떨어져 나온 색에서 감정을 느낄 수는 없다. 다만 그 감정에서 비롯된 감각이 느껴질 뿐이었다. 정우의 병원은 환자가 별로 없었지만 모두 중증의 환자였다. 아무리 조금이라도 그들에게서 나온 색은 대부분이 통증으로 느껴졌다. 정우는 일주일이 넘게 둔탁한 두통에 시달리게 되고 있었다.

사람 없는 곳을 찾아 무작정 걷다 보니 한강 다리였다. 유유히 흐르는 강물을 보니 복잡한 머리와는 반대로 마음이 편해지는 것 같았다.

머릿속의 둔탁함이 조금은 사라지는 것 같은 착각이 들었다.

“뭐 하는 거예요! 왜 이래요.”

누군가 정우를 뒤에서 끌어안으며 뜻 모를 소리를 외쳤다. 하지만 말보다는 정우에게 덮치듯 쏟아진 찬란한 금빛에 놀라 꼼짝도 할 수 없었다. 무슨 색인지 알 수 없을 정도로 찬란하게 빛나는 색이었다. 그 빛이 정우를 덮치고 있는 동안 의지가 솟아나고 있었다.

삶에 대한 의지는 너무나 찬란한 색이었다.

“강물 구경하는 중입니다.”

“아…… 죄, 죄송해요.”

한동안 정우를 끌어안고 있던 사람은 자기 행동에 놀란 듯이 사과하며 정우를 살펴봤다. 짙게 내려온 다크서클이 음침해 보였지만, 다리에서 뛰어내리려는 사람의 얼굴은 아니었다. 자기 행동이 민망한지, 도움이 필요하면 연락하라며 명함을 한 장 건네주고 사라졌다.

금빛 색은 사라지자 칙칙한 색들이 들러붙어 있는 게 보였다. 하지만 전혀 괴로워 보이지 않았다. 알지 못하는 것 같았다. 색을 보지도 못하고, 흡수하지도 않았다. 금빛 색이 사라졌음에도 눈 안에 정우를 향한 다양한 감정도 남아 있었다. 정우는 이상한 색을 내는 사람에게 관심이 생겼다.

서둘러 사라지는 뒷모습을 보며 정우는 손안에 든 명함을 바라봤다.

‘정신의학과 전문의. 선하’

자리에서 일어날 생각이 없는지 선하는 커피를 한 잔 더 주문했다.

"선배 처음 봤을 때 정말 젠틀했어요. 여러 소문이 있었지만, 그런 거 다 무시할 정도로 괜찮은 사람으로 보였거든요. 사람에 관한 관심은…… 뭐, 그때도 없어 보이긴 했지만…… 그래도 선배는 눈앞의 상대를 진지하게 대해줬어요. 그때는 몰랐지만, 진심으로 대해줬다는 거 지금은 알아요. 아무튼, 소문보다 그 눈이 진짜라고 생각했죠. 처음 만난 날 기억해요? 그날도 여기서 봤잖아요."

선하는 불만 가득한 얼굴로 구시렁거리고 있었다. 끝도 없이 나오는 혼잣말에 정우는 손으로 이마를 짚었다. 색이 달라붙는 것을 보고 동류라고 생각했지만, 정우의 착각이었다.

선하의 코발트 블루는 순수하지 않았다. 집요하고 끈질겼다. 지나치게 혼잣말도 크고.

눈, 코, 입이 완벽한 균형으로 자리를 잡은 얼굴은 신기할 정도로 작았다. 긴 머리는 잔머리 하나 나오지 않도록 하나로 질끈 묶여 있었다. 다른 사람이었다면 촌스럽다고 생각될만한 스타일이다. 하지만 눈앞의 인물은 오히려 고전적인 분위기를 풍기고 있었다. 정우에게 포근함을 주는 낡은 소파에 주서연이 누워있자 베르사유의 어느 방에 있는 고풍스러운 소파처럼 보였다. 주서연은 전혀 편해 보이지 않았지만, 편한 척 누워 있었다.

“저는 주서연씨가 원한다면 그 어떤 감정이라도 사라지게 해줄 겁니다. 제 얘길 믿어도 좋고, 믿지 않아도 상관없어요. 하지만 파격 제안이라는 것만 알아둬요.”

“......”

주서연은 고집스럽게 입을 꾹 다물고 책장에 꽂힌 책들을 봤고, 정우는 나비의 날갯짓처럼 조심스러운 주서연의 색을 바라봤다.

“되도록 빠른 결정 부탁합니다. 그리고, 저와 얘기하는 건 오늘 하루뿐입니다. 파격은 한 번만.”

주서연은 전혀 의사 같지 않은 말투로 파격 운운하는 정우를 신기하게 바라봤다.

“여기는 이상해요. 아니면 선생님이 이상한 건가요?”

“주서연씨도 만만치 않게 이상해요. 알죠?”

“선생님, 의사 맞아요? 환자한테 그렇게 얘기하면 안 되는 거 아니에요?”

대답을 기대한 건 아닌지 주서연은 눈을 감았다. 생각에 빠진 주서연의 색이 시시각각으로 변하고 있었다. 환자라고 하기에는 지나치게 예쁜 개나리색이 주로 보였다. 이런 색을 가지고 환자 흉내를 내는 것은 정우에게 통하지 않았다.

정우는 오른손으로 다른 손을 꽉 쥐어 통증을 만들어봤다. 떨어져 나온 색에 닿아 강제로 감각을 느끼게 되면서, 본인의 감각인지 주입된 감각인지 헷갈리기 시작했다. 그래서 스스로 통증을 만들어 자신만의 감각을 만들어보곤 했다. 이것이 습관이 되어버렸다. 변태처럼 스스로 만든 통증에 만족하고 있을 때, 주서연의 조용한 목소리가 들렸다.

"선생님은 절 사랑하지 않아요. 증오하지도 않고요. 저는 그게 이상하고, 불안해요. 사람들은 절 죽도록 사랑하거나, 죽이고 싶을 만큼 미워하거나. 둘 중 하나거든요. 대체로 그렇다는 게 아니에요. 둘 중 하나밖에 없어요."

주서연은 본인의 색이 사람들에게 어떤 영향을 미치는지 알지도 못하면서, 자신의 상태를 정확하게 파악하고 있었다.

"다른 사람의 시선이 신경 쓰이나요?"

"사람들의 시선을 신경 쓰지 않는 연예인은 없어요. 말로는 신경 쓰지 않는다고 하지만, 사실 하나부터 열까지 사람들의 시선에 들기 위한 일만 해요. 소속사도 그런 일만 시키고요. 그래서 사람들이 저를 어떻게 보는지 잘 알아요. 근데 선생님은 모르겠어요. 그게 이상한데…… 편한 거 같아요."

주서연은 주변 사람들의 시선을 확실하게 파악하는 능력까지 있었다. 예쁜 개나리색이 조금은 우울하게 변했다.

"맞아요. 저는 달라요. 주서연씨에게 관심이 없는 사람이죠. 아니 대부분 사람들에게 관심이 없어요. 사람들이 무슨 생각을 하고 있던 제게는 의미 없는 일이니까요. 아무리 좋은 기억도, 혼자만 알고 있다면 어떨 거 같아요? 공유할 수 없는 감정이라면 차라리 처음부터 없는 게 낫다고 생각하지 않나요? 저는 이상한 사람이에요. 주서연씨도 저 못지않게 이상한 사람이고요."

주서연은 알아들을 수 없는 내용을 참을성 있게 들어 주었다.

“주서연씨는 사람들의 감정을 과하게 만들어요. 연예인으로 그건 장점일 수 있죠. 주서연씨의 말 한마디에 사람들은 즐거워하고, 슬퍼하고, 노여워하고. 적당히 괜찮아하는 사람은 없죠. 적당히 안타까워하는 사람도 없었을 테고요. 주서연씨가 받는 건 미움이 아니에요. 증오예요. 주서연씨는 사람들의 감정을 폭발시키는 능력이 있어요.”

“선생님도 그래요? 선생님도 그래서…… 선생님과 있으면 아무렇지 않은 건, 우리가 비슷한 사람이어서 그런가요?”

“비슷하지만, 같지는 않아요. 제가 주서연씨의 주변 사람들과 다른 건, 그저 피하는 방법을 알아서라고 해두죠. 하지만 사람들은 그 방법을 몰라요. 그러니 주서연씨의 영향으로 감정이 과해지는 거죠.”

“나 때문인 건가요? 내가 그렇게 만든 건가요?”

주서연은 자기 비하에 빠지기 시작했다. 주서연의 개나리색이 점점 짙어지고 있었다. 생각보다 빠른 움직임으로 진료실에 퍼지고 있었다. 어깨에 붙으려는 칙칙한 개나리색을 잡아 뜯었다. 주서연에게는 허공을 휘젓는 손짓으로 보였다.

“주서연씨. 이미 알고 있겠지만, 당신은 우울증이 아니에요. 그저 사람들을 피하고 싶은 거죠. 주서연씨 때문이 아니라고 말하고 싶지만, 주서연씨 때문에 사람들이 변하는 게 맞아요. 혼자 살 게 아니라면 익숙해지는 게 좋아요. 우울증 환자가 된다고 해서 변하지 않아요.”

“나한테 왜 이런 일이 벌어진 건가요? 왜 하필 나인 거죠?”

“왜인지는 중요하지 않아요. 왜 주서연씨인지도 알 수 없어요. 세상은 알 수 없는 일투성이잖아요. 세상이 그런 거죠, 뭐"

"내가 뭘 잘못한 건가요?"

주서연의 색이 진료실을 가득 채우자 끈적한 기름에 빠진 듯 온몸이 갑갑하게 느껴졌다.

정우는 가족들의 행복을 사라지게 했다. 친구들의 기쁨을 사라지게 했다. 정우가 있으면 행복도, 기쁨도, 의욕도, 희망도 사라졌다. 정우는 모든 것이 자신 때문이라는 자기혐오에 시달렸었다. 지금도 도움을 바라는 사람에게서 아우라를 탐하는 것이 혐오스럽다고 생각한다. 색이 없는 자신을 향한 혐오는 분노와 비슷했다.

"말도 안되요! 내가 뭘 어쨌는데요. 난 아무것도 한 게 없는데…… 어떻게 하면 날 좋아해 줄지, 뭘 하면 날 싫어하지 않을지. 그런 것만 생각했어요. 매일매일 그런 생각만 한다고요."

주서연의 색이 이상하게 변했다. 여전히 개나리색이었지만, 알 수 없는 것이 섞여 들어 검게 물들고 있었다. 주서연이 만드는 색은 정우의 분노와 닮아가고 있었다.

주서연이 분노에 가득한 비명을 질렀다. 비명 안에 담긴 감정은 정우의 목덜미를 서늘하게 만들었다. 진료실 문을 연 선하의 놀란 얼굴이 보였다.

"문 닫아!"

주서연의 색이 진료실 밖으로 나가려는 것을 본 정우는 선하에게 소리쳤다. 선하는 진료실 안으로 들어와 급하게 문을 닫았다.

주서연은 주체할 수 없는 감정으로 정우를 노려보고 있었다. 정우가 한발 다가가자 날카롭게 변한 주서연의 색이 정우를 위협하듯 더욱 뾰족해졌다.

주서연이 다시 한번 비명을 지르려 하자, 정우와 선하는 동시에 주서연을 잡았다. 주서연의 어깨를 잡은 손바닥으로 칼날에 베인 것 같은 주서연의 감정이 정우에게 흘러들어왔다. 하지만 주서연의 감정이라고 생각되지 않았다. 주서연이 느낄 수 있는 분노가 아니었다.

정우는 끈적끈적하게 변한 주서연의 색을 한참동안 흡수했다. 정우로 인해 검게 물든 색이 사라진 주서연은 선하의 금빛 색에 안겨있었다. 주서연은 자기가 왜 그렇게 비명을 질렀는지 이해되지 않는 표정이었다. 당황하기는 정우도 마찬가지였다.

주서연은 다른 사람의 색을 커지게 만드는 것이 아니었다. 사람들 안에 있는 색을 끄집어내고 있었던 것이다. 주서연에 의해 강제로 끄집어내어졌기 때문에 사람들의 색이 심하게 요동친 것이다. 주서연은 사람들의 색에 영향을 준 것이 아니라, 사람들의 색을 훔쳐내고 있었던 것이다. 주서연은 정우의 검은 분노를 가져갔고, 선하의 금빛 애정을 가져갔다.

진료실은 숨소리가 들릴 정도로 고요해졌다. 정우도, 주서연도, 선하도, 서서히 안정을 찾아갔다.

"주서연씨. 저는 당신을 도와줄 수 없군요."

"선배, 무슨 말 하는 거예요."

말 없는 주서연을 대신해 선하가 발끈하며 정우를 쳐다보았다.

"잘 생각해봐요. 알 수 있을 거예요. 주서연씨에게는 없앨 수 있는 감정이 없어요. 지금까지 주서연씨를 힘들게 했던 그 모든 감정은, 본인의 것이 아니에요. 다른 사람의 감정을 자기 것으로 착각하고 있는 거예요."

선하는 믿을 수 없는 이야기를 하는 정우를 말리고 싶었다. 하지만 주서연은 정우의 이야기에 집중하고 있었다. 선하의 금빛 색에 감싸인 주서연은 한없이 차분하고 평온한 상태였기에, 평소라면 믿지 못할 정우의 말을 이해할 수 있었다.

"주서연씨를 힘들게 하는 원인은 분명해요. 하지만 전 해결해 줄 수 없어요. 본인이 스스로 찾아야 해요. 다른 사람의 감정 말고, 본인 안에 있는 자기감정을 찾아봐요. 서연씨가 소중하게 생각하지 않으니까, 꼭꼭 숨어버렸어요. 그래도 서연씨에게는 예쁜 개나리색이 있어요. 그 색을 찾아요."

"선생님은 찾았어요?"

주서연이 희망을 바라는 눈으로 정우에게 물었다.

"아뇨. 저는 찾지 못했어요. 하지만 조금은 알 것 같아요. 저는 남들에게 관심 없는 사람이 아니라, 스스로에게 관심이 없는 사람이라는 걸. 서연씨가 제게 보여준 분노는 그런 거였어요. 자기혐오를 닮은 자기연민. 주서연씨는 그런 제 감정을 가져가서 분노를 드러낸거에요. 본인의 감정이 아니라 제 감정으로 그걸 표출한거죠. 하지만 주서연씨. 자신의 분노를 찾아봐요. 제 분노를 가져가 봐야 그건 진짜가 아니잖아요."

정우는 허탈한 웃음이 나왔다.

지금까지 자신을 힘들게 만든 것은 색이라고 생각했다. 하지만 정우가 힘들어진 진짜 이유는 자신에게 관심을 두지 않은 정우 때문이었다. 색은 정우에게 사람들의 감정을 알려주고 있었다. 많이 괴롭고 강압적인 방법이었지만, 색은 정우가 사람들을 신경 쓰고 살피게 만들어 주었다.

"꼭꼭 숨어있는 주서연씨의 색. 찾아봐요. 찾을 수 있을겁니다."

정우는 주서연에게 진심을 다해 말했다. 진심은 스스로에게 하는 다짐처럼 들리기도 했다.

"선배, 이럴 거면 병원 말고 커피숍을 하는 게 어때요? 사장님도 선배라면 얼씨구나 하고 넘길 거 같은데."

선하는 테이블 위에 앉아있는 고양이를 귀찮게 하는 이정우를 한심하게 바라봤다.

"병원은 어쩌고 커피숍을 하냐?"

"병원 걱정하는 사람이 온종일 여기서 놀아요? 요즘은 환자도 안 보고……"

선하는 팔을 쓸어내리는 정우의 손이 떨리는 것을 보고 말을 멈췄다. 주서연과의 이상한 상담 이후 이정우가 변한 것을 느끼고 있었다. 예전의 이정우는 창백한 얼굴로 무슨 일이든 상관없다는 표정이었다. 하지만 지금 눈앞에 있는 이정우는 전보다 더 창백하고 피곤해 보였다. 그런데도 괜찮아 보였다.

무엇이 이정우를 변하게 했는지는 알 수 없었다. 가끔 연락이 오는 주서연때문이라 짐작될 뿐이다. 둘은 서로를 치료하는 것처럼 보였다. 아니 상처를 내고 있는지도 모르겠다. 하지만 병이 나으려면 상처를 확인하는 일부터 시작이다. 둘은 서로의 상처를 확인했으니 언젠가는 상처도 아물 것이다.

"선배. 병원 맡기고 놀고 싶어서, 다른 병원 잘 다니던 저를 스카우트 한 거예요?"

이정우가 선하를 묘하게 바라보다 입을 열었다.

"그래도…… 코발트 블루가 좋거든."

정우의 오늘은 어제와 다를 것 없이 알록달록한 색으로 정신이 없었다. 끈적하게 달라붙는 칙칙한 색, 넘칠 듯 출렁거리는 반짝거리는 색. 정우의 신경을 날카롭게 만들고 일상을 불편하게 만드는 것도 변함이 없었다. 하지만 내일은 오늘과 다를 것 같은 기분이 들었다. 모든 것이 변하지 않았지만 정우의 시선이 조금 달라졌기 때문이다. 사람들이 내뿜는 색이 아닌 색을 내뿜는 사람들이 보였다.

여전히 어릴 적 세상처럼 아름답지는 않았다. 아름답지 않아도 괜찮아졌다.

마지막 판데믹

송승민

송승민

중학생 시절부터 의미 있는 삶에 대해 고민해왔다. 래퍼. 사업가. 유튜버. 다양한 것들을 시도해보고 실패한 끝에, 인간이 할 수 있는 가장 의미 있는 행동은 창조와 예술이란 결론에 도달했다. 그렇게 글을 쓰기 시작했다. 부드러운 발라드보다 날카로운 힙합을 즐겨 듣는다.

한 달간 마을을 떠나 있었던 여자는 마을 앞에 도착했다. 성치 않은 몸으로 오랜 시간 움직이니 정말로 죽을 지경이었다. 지역의 모든 인터넷 네트워크가 끊기며 자동차의 자율주행 인공지능도 모두 꺼졌다. 그 바람에 수동 면허가 없던 그녀는 2시간가량을 걸을 수밖에 없었다. 그럼에도 그녀는 멈추지 않았다.

마을로 들어가는 길고 커다란 입구에는 여러 개의 관문이 있었다. 각 관문에서는 발열 체크, 소독, 환복 등의 방역 시스템이 작동한다. 마을에 들어가고자 하는 사람은 그런 일련의 과정을 거친 후에야 마을에 들어갈 수 있었다. 시스템에 의해 자동으로 돌아가는 방역 과정은 마을에서 사용하는 거의 유일한 현대 기술이었다.

하지만 여자는 그곳을 이용할 필요가 없었다. 평소라면 마을을 둘러싸고 있어야 할 콘크리트 벽이 이곳저곳 허물어져 있었다.

한 달 만에 눈을 뜬 오늘 아침. 서서히 느껴졌던 불안감이 현실이 되어 눈 앞에 펼쳐지고 있었다. 여자는 식은땀을 닦으며 마을로 들어갔다. 명치 아래가 더부룩해져 왔다.

"저기요! 누구 없어요!"

돌아오는 대답은 없었다. 평소보다 한껏 조용해진 마을에서 여자의 목소리만이 외롭게 울렸다. 부서진 것은 마을의 담벼락뿐만이 아니었다. 마을의 이곳저곳이 박살 나고 망가져서 멀쩡한 건물을 세는 것이 더 빠를 정도였다. 어떤 집들은 검게 그을린 채로 뼈대만 앙상히 남아있었다. 마을의 모습은 재난 뉴스에서나 종종 보던 파괴된 도시의 그것과 다를 것이 없었다. 다만 다른 것이라면 화면 속에서 울먹거리고 있는 피해자가 이번에는 그녀 자신이라는 점이었다.

"제발, 제발…."

여자는 자신이 살던 집으로 향했다. 집으로 가는 길에서는 내내 끔찍한 장면들이 펼쳐졌다. 살아있는 사람은 단 한 사람도 볼 수 없었지만, 이미 죽은 사람들은 곳곳에 널브러져 있었다.

한 번도 본 적 없는 얼굴도 있었고, 23년간 몇 번이고 마주쳤던 얼굴도 있었다. 그들의 옷은 하나같이 검붉은색으로 물들어있어 그 속이 어떻게 됐을지가 훤히 그려졌다.

다만 여자는 고개를 돌렸다. 그리고 기도했다. 자신이 쓰러져있던 사이 마을에 무슨 일이 일어난 건지는 모르지만, 가족들에게만큼은 아무 일도 일어나지 않았기를.

한동안 달린 여자는 반쯤 부서진 현관문 사이로 들어갔다. 그녀는 가족들의 이름을 불러댔지만 어두운 집 안에서는 아무런 목소리도 들리지 않았다. 그녀는 이방 저방을 다 돌아보고 봤던 곳을 한 번 더 본 뒤에야 발을 멈출 수 있었다.

여자는 털썩 주저앉아 양손으로 얼굴을 감쌌다. 사실 그녀는 알고 있었다. 마을을 덮친 정체 모를 혼란이 가족들만을 피해 갔을 리 없단 사실을. 여자의 손가락 사이로 물방울이 뚝뚝 떨어졌다. 그녀는 태어나면서부터 지금까지 믿어왔던 신에게, 신에 대한 믿음으로 세워진 이 마을에 깊은 배신감을 느꼈다.

여자의 마을은 같은 종교적 신념을 공유하는 사람들이 모여 사는 곳이었다. 2149년 현재 전 세계에서 매년 발생하는 끔찍한 질병들의 원인을, 그들은 과학 기술의 과도한 발전 때문이라고 믿었다.

해변으로 쉼 없이 밀려오는 파도처럼 판데믹이 끝나기도 전에 또 다른 판데믹이 지구를 덮친다. 발원국을 찾아 국제적인 손해에 대한 배상을 요구하는 것도 백 년 전에나 가능했던 일. 원인 모를 질병이 전 세계에서 터져 나오는 지금에 와서는 불가능해졌다. 이미 자포자기해버린 세계의 석학들은 질병과의 전쟁에서 인류가 패배했음을 선포하는 지경에 이르렀다. 하지만 인류는 언제나 그랬듯 그럴싸한 해결책을 고안해낸다. 그 해결책은 바로 병에 걸리지 않는 몸이 되는 것이었다.

현대 인류의 대부분은 인공 장기를 가지고 있다. 다시 말해 기계 인간. 치료할 수 없는 병에 걸린 사람들은 손상된 장기를 제거하고 기계로 된 인공장기를 이식받는다. 인류가 막을 수 없는 병은 점점 많아졌고, 수술은 빠르고 안전해졌다. 그러다 보니 인공장기를 이식받는 일은 시간이 흐를수록 더욱 일상적인 것이 되어갔다. 지금에 와서는 과장을 조금 보태 사랑니를 뽑는 것 정도의 일이 되었다.

그뿐만이 아니다. 인간의 면역 체계가 바이러스를 이기지 못하게 되자 사람들은 나노 로봇에게 몸을 맡겼다. 체내에 들어간 무수한 나노로봇이 혈관 속을 돌며 바이러스와 싸운다. 사용자의 면역력은 비사용자에 비해 월등히 높아졌고 병원에 가는 일이 눈에 띄게 줄어들었다.

처음에는 인공적인 물질을 몸에 넣는 것을 꺼렸던 사람들도 자연스레 시대의 흐름을 받아들였다. 병에 대처하는 가장 효과적인 방법이었던 백신 맞기, 마스크 쓰기, 손 잘 씻기 등의 방법은 이제 미련한 짓으로 치부되었다. 애초에 병에 걸리지 않는데 굳이 귀찮은 일을 사서 할 필요는 없었다. 그렇게 인류와 질병의 전쟁은 잠시 휴전 상태에 접어들었다.

그럼에도 마을의 사람들은 항상 마스크를 쓰고, 손을 씻고, 백신을 맞았다. 마을에 나고 자란 여자도 마찬가지였다. 그들은 '영혼을 상하게 하는 행위'인 인공 물질의 체내 이식을 거부했다. 나노 로봇도, 인공 신체도 사용하지 않았다. 그렇기에 그들은 마을 바깥에서 생활하는 사람들에 비해 확연히 질병에 취약했다. 그것이 그들이 지역의 변두리에 마을을 이루고 사는 이유였다. 마을 사람들은 신과 신에 대한 믿음이 자신들을 지켜줄 거라 믿었다. 몸속에 불경스러운 기계들을 넣지 않더라도.

물론 문명 자체를 거부하는 것은 아니었기에 방역이나 사람다운 생활을 위해 필요한 기술은 제한적으로 사용했다. 그들은 병에 걸린 사람을 마을 밖의 요양시설에 격리해 치료하는데, 추가적인 감염을 막기 위해 간호 안드로이드를 사용하기도 했다. 여자의 경우가 그랬다. 대학교에 가기 위해 마을 밖을 드나들던 여자는 심한 독감에 걸리고 말았다. 수십번 이상 변이되며 강해질 대로 강해진 독감은 백신을 뚫고 들어와 여자를 죽기 직전까지 몰아넣었다. 그 결과 그녀는 한 달 만에 제정신을 되찾았다. 의식을 완전히 잃어버려 코마에 빠지진 않았지만, 스스로 의식이 있는지 없는지조차 모를 꿈과도 같은 한 달이 지나갔다.

그리고 눈을 뜬 여자가 보게 된 세상은 지금까지 그녀가 살아왔던 세상이 아니었다. 선명한 의식을 되찾은 그녀는 곧장 가족들에게 전화를 걸었지만 연결되지 않았다. 전화뿐이 아니었다. 인터넷이나 전기, 수도. 모든 인프라가 작동하지 않았다. 설상가상으로 길에는 시체들이 즐비했고 살아있는 사람이라곤 찾아볼 수 없었다. 문자 그대로 세상이 망한 것 같았다. 그렇게. 가족들이 걱정된 그녀는 곧장 마을로 향한 것이었다.

어느새 눈물을 그친 여자는 바닥에서 몸을 일으켰다. 곰곰이 생각해보니 가족들이 멀쩡히 살아있을 가능성도 충분했다. 마을이 풍비박산 났고 시체들이 보였지만 그 수가 마을 사람들에 비해서는 턱없이 부족했다. 무슨 일이 일어난 것은 분명했지만 적어도 마을 밖으로 도망치는 데에는 성공한 것 같았다.

여자는 일단 오늘 아침까지 있던 요양 시설로 돌아가기로 했다. 무작정 가족들을 찾는 것 보다 일단 완전히 회복한 후, 정보를 구하는 것이 우선이라고 생각했다. 자신이 잠든 사이에 무슨 일이 일어난 건지는 알 수 없었지만 그녀는 믿을 수밖에 없었다. 무사히 도망친 가족들이 어딘가에서 자신을 기다리고 있을 거라고.

여자는 신발장 앞에 쌓여있는 마스크를 쓰고 집을 나왔다. 요양 시설에서 나오기 전 임시방편으로 먹었던 진통제의 효과가 슬슬 떨어지고 있었다. 머리가 종종 띵해지는 것이 느껴졌다. 혹시나 하는 마음에 마을에 있던 자동차들을 확인했지만 작동하는 차는 없었다. 그녀는 왔던 길로 뚜벅뚜벅 걸어갔다.

지난 한 달 동안 여자가 지낸 마을의 요양 시설은 교외에 있었기 때문에, 도시 너머에 있는 마을로 오려면 시내를 지나야 했다. 마을보다야 덜하지만, 도시의 상황도 끔찍하긴 마찬가지였다.

'도시에 전염병이 돈 것 같아.'

여자는 생각했다. 시내의 수많은 시체는 마을 사람들의 것과는 달리 피투성이가 아니었다. 건물들은 하나같이 멀쩡했다. 여기저기 넘어지고 더러워지긴 했어도 습격받은 느낌이라기보다는 한동안 방치된 것에 가까웠다.

'그럼 마을은 어떻게 된 거지?'

여자는 도시의 큰 교회를 주축으로 활동하는 테러 집단을 떠올렸다. 그들은 마을 사람들을 사이비, 위협 요소로 규정하며 크고 작은 테러를 저지르곤 했다. 새로운 병이 나타날 때마다 마을의 위생과 방역을 공개적으로 비난하며 시위를 벌였다. 담벼락에 낙서를 하고 선정적인 내용이 담긴 전단을 뿌렸다.

'도시에 전염병이 도니까 그 새끼들이 마을을 습격한 거야.'

평소에도 싫었던 놈들이 일을 저질렀다는 생각에 저절로 주먹에 힘이 들어갔다. 하지만 몸에 기운이 없어 곧 주먹은 펴졌다.

한참을 걸은 여자는 시내에 들어섰다. 길바닥에 누운 시체들은 그녀를 반기기라도 하는 듯 악취를 뿜어댔다. 단단히 쓴 마스크가 냄새를 조금이나마 차단할 수 있었지만, 찌푸려진 눈살은 펴지지 않았다. 끔찍한 것은 냄새뿐만이 아니었다. 눈을 두는 모든 곳에 사람의 죽은 몸이 썩어가고 있었다. 그녀는 잠시 기분을 환기하기 위해 하늘을 바라봤지만 오히려 답답해질 뿐이었다. 하늘을 찌를 듯 높은 건물들은 사방으로 늘어서 있었고 미세먼지로 뒤덮인 하늘은 칙칙했다.

"하아…."

여자는 한숨을 내쉬었다. 순간 소름이 등줄기를 타고 올라왔다. 이 커다란 도시의 한복판에서 들리는 소리라고는 바람이 건물들 사이를 스치며 내는 으스스한 소리와 자신의 숨소리뿐이었다. 그녀는 서둘러 발을 옮겼다.

어릴 적. 목회 시간이 되면 여자의 어머니는 마을의 아이들을 모아 놓고 말했다.

"병은, 신의 뜻은 인간이 어떻게 할 수 있는 게 아니야."

세대를 거듭할수록 기계 신체의 안정성은 높아져 갔다. 그에 따라 이전 세대에 비해 독실함이 부족한 마을의 아이들은 자신들이 마스크를 쓰는 것에 대한 의문을 가졌다. 그녀의 어머니는 그럴 때마다 신의 위대함을 강조하며 아이들을 다독였다.

"과학의 발전은 필연적으로 부작용을 낳는단다. 그 부작용들이 하나하나 모여서 세상을 갉아먹고 있어. 그리고 언젠가 세상이 무너지면 신의 가르침을 따른 우리는 안전할 거야. 영혼이 깨끗한 사람들은 병을 이겨낼 수 있단다."

어머니의 말은 그대로 현실이 되었다. 신의 가르침이 옳았던 것이다. 사람들은 죽었고 여자는 살았다. 기계에 의존하던 사람들은 병을 이겨내지 못했다. 이것이 어머니가 말한 과학의 부작용일까.

물론 마을도 화를 피하진 못했지만 그것은 병으로 인한 것이 아니었다. 마을은 사람에게 공격당했다. 하지만 가족들은 평소에 그래왔던 것처럼 안전한 장소에 숨어있을 것이다. 그리고 마을을 습격한 놈들은 모두 병에 걸려 죽었을 것이다. 그녀는 두 손을 모으고 신에게 기도를 올렸다.

'지금껏 아버지의 가르침대로 살아왔습니다. 그러니 저희를 지켜 주세요.'

여자는 나름의 위안을 얻으려고 노력했다. 그렇게라도 하지 않으면 모든 의지를 잃고 절망에 빠져버릴 것 같았다.

그때였다.

터벅.

바로 뒤에서 발소리가 들렸다. 놀란 여자가 홱 하고 고개를 돌려 뒤쪽을 보자, 남자 하나가 서 있었다. 다섯 걸음 정도 뒤에 서 있던 중년의 남자는 자신이 더 놀랐다는 듯 연신 콜록거렸다. 어찌할 바를 몰랐던 여자는 멋쩍게 인사를 건넸다.

"아, 안녕하세요."

남자는 잠시 당황한 듯 눈알을 이리저리 굴리더니 주머니에 있던 오른손을 꺼내 가볍게 들었다.

"어? 어어, 그래. 그런데 혹시 너 마을 사람이야?"

"네 맞아요! 마을에 무슨 일이 난 거예요? 사람들은 지금 어디에 있어요?"

마을 얘기를 들은 여자가 호들갑을 떨자 남자는 도저히 영문을 모르겠다는 표정이 되었다. 그녀는 그제야 자신이 지난 한 달간 병으로 쓰러져 있었다는 사실을 떠올렸다. 사정을 들은 남자는 두 손을 가볍게 맞부딪히며 고개를 끄덕였다.

"마을 바깥에 있었구나. 그래서…"

잠시 뭔가를 생각하던 남자는 여자가 쓰러져있던 동안 일어난 일들을 설명하기 시작했다. 도시를 덮친 전염병은 '기계병'이라고 불리는 바이러스였다. 질병관리청에서 정해준 공식 명칭이 존재했지만 대부분의 사람은 기계병이라는 이름을 사용했다. 그도 그럴 것이, 기계병은 그 이름처럼 몸속에 기계장치를 이식받은 사람들에게만 발병했다.

그런 까닭에 기계병 확산 초기에는 발병 원인조차 알 수 없었다. 세계 인구의 대부분이 인공 신체나 나노 로봇을 체내에 가지고 있기 때문이었다.

"그러면 어떻게 해요? 나라에서는 아무것도 안 하고 있어요?"

"나라라는 게 아직도 있는지는 모르겠지만 정부나 군대는 진작에 없어졌어."

평범한 바이러스는 치사율이 높으면 숙주가 사라져 전염성이 떨어진다. 하지만 기계병은 달랐다. 전 세계 어디에서나 발견되었고 99, 9퍼센트에 가까운 치사율을 보였다. 모여 있던 사람들도 죽었고 격리되어있던 사람들도 죽었다. 대책을 세울 틈 따위는 없었다.

"그럼 마을은요? 누가 마을을 다 부수고 사람들을 죽였어요. 여럿이 죽긴 했지만 그래도 대부분 도망친 것 같은데…."

남자는 잠시 뜸을 들이더니 주머니에 손을 넣었다. 그리곤 말했다.

"다 죽었어. 네 가족들 전부 죽었을 거야. 그러니까 찾지 마."

"네?"

예상치 못한 대답에 여자는 말을 더듬었다.

"어, 어쩌다가요? 정확히 본 것 맞아요? 그냥 그럴 거라고 생각하는 거죠? 아저씨 말대로면 마을 사람들은 기계병에 안 걸려요. 그런데 다 죽을 리가 없잖아요. 아무리 마을이 공격당했어도…."

남자는 대꾸하지 않았다. 그 대신 방금 주머니에 넣었던 손을 밖으로 꺼냈다. 남자의 오른손에는 주사기가 들려 있었다.

"역시 소문은 못 들었나보구나. 하긴, 오늘 겨우 깨어났다고 했지.

소문이 뭐냐면 기계병에 걸려도 살…"

"무슨 소문이요? 뜸 들이지 좀 말고 빨리 말해봐요!"

가족들과 마을 사람들의 행방이 궁금했던 여자는 남자의 말을 끊었다. 물어보는 것에는 대답하지 않고 딴소리를 시작하려는 남자에게 짜증이 난 것이었다. 하지만 남자는 개의치 않고 말을 계속 이어 나갔다. 뭔가 결심한 듯 굳은 목소리였다.

"기계병에 걸려도 살 방법이 있대. 몸속에 한 번도 기계를 넣은 적이 없는 깨끗한 장기를 이식받으면 살 수 있다는 거야. 그 방법으로 병이 완치된 사람도 있대. 그냥 뜬소문일지도 모르지만 당장 죽게 생겼는데 뭘 못하겠어?"

여자는 그제야 남자의 손에 들린 주사기를 알아차렸다. 상황이 좋지 않게 흘러감을 짐작한 그녀는 천천히 뒷걸음질 쳤다. 남자는 그런 그녀에게 성큼성큼 다가왔다.

"어제 마을에 도착했는데 이미 다 털렸더라고."

남자는 순식간에 여자에게로 뛰어갔다. 먼저 달리기 시작한 것은 여자였지만 멀리 도망가지는 못했다. 남자를 따돌리기 위해 건물 사이에 나 있는 좁은 골목으로 들어갔지만, 얼마 못 가 남자에게 어깨를 잡히고 말았다. 좋지 않은 몸 상태로 한참을 걸은 그녀에겐 남자를 따돌릴 만큼의 기운이 남아있지 않았다.

균형을 잃어버린 여자는 어둡고 차가운 길바닥 위로 넘어졌다. 바닥에 등을 대고 쓰러진 그녀는 바로 옆에 있던 시체와 눈을 마주쳤다. 그의 텅 빈 시선은 마치 그녀의 불길한 미래를 암시하는 것 같았다. 여자의 몸통 위로 올라탄 남자는 여자의 양 팔을 각각 자기 왼팔과 오른 다리로 눌렀다. 그리고는 주사기를 꺼내 들었다. 온몸을 있는 힘껏 비틀며 저항했지만 때는 이미 늦었다. 남자의 오른손에 들린 주사기가 그녀를 향해 날아왔다. 주사기의 바늘이 여자의 티셔츠를 뚫고 팔을 강하게 찔렀다.

"아악!"

여자는 살을 뚫는 고통에 비명을 질렀다. 하지만 뭔가가 이상했다. 몸통 위에 올라탄 남자는 그녀와 주사기를 번갈아보며 어? 하는 소리를 내고 있었다. 여자는 그의 손에 들려있는 주사기를 자세히 봤다. 주사기의 바늘이 부러져 있었다. 얇고 긴 바늘이 남자의 투박한 동작에 부러진 것이었다. 주사기는 여자의 팔에 상처를 입히는 것에는 성공했지만 그 안에 있는 약물을 여자의 몸속에 넣지는 못했다.

그 순간, 당황한 남자의 오른 다리가 여자의 오른팔 위에서 떨어졌다. 그녀는 잠시 자유로워진 팔을 뻗어 바닥에 있는 무언가를 잡았다. 그리고 그것을 남자의 얼굴, 정확히는 눈을 향해 휘둘렀다.

콰직! 치지직….

뭔가가 찌부러지는 소리와 함께 기계음 같은 것이 들렸다. 남자의 기계로 된 왼눈과 그곳에 꽂힌 깨진 유리병 사이에서 스파크가 튀는 소리였다. 젖 먹던 힘까지 짜낸 여자는 힘없이 늘어져 가쁜 숨을 내뱉었다. 하지만 남자의 반응은 그녀가 원하던 것과는 아예 달랐다. 그는 눈에 박힌 유리병을 잡았다. 남자가 힘을 줘 당기자 유리병이 박혀있던 인공 안구가 같이 딸려 나왔다. 핏방울들이 여자의 얼굴로 떨어졌다.

"상관없어. 이제 내 몸에 기계는 필요 없으니까. 전부 새 걸로 바꿀 거야."

남자는 축 늘어진 여자의 목을 양손으로 조르기 시작했다. 모든 빛이 뚝 하고 끊어졌다.

여자가 눈을 뜬 곳은 달리는 차의 뒷자리였다. 양손과 양다리가 뒤로 묶인 채 의자에 얼굴을 파묻고 있었다. 의자 밑으로 떨어질 뻔하며 힘겹게 몸을 돌린 그녀는 겨우 등을 대고 누울 수 있었다. 운전석에는 자신을 납치한 남자가 운전대를 잡고 있었다.

"일어났어? 거의 다 왔는데 귀찮게…."

창밖으로 지나가는 곳들은 한 번도 본 적 없는 장소였다. 기절한 이후로 꽤 시간이 흐른 모양이었다. 여자가 물었다.

"여기는 어디예요?"

"병원 가는 길이야. 수술해야지."

남자의 대답은 소름 끼칠 정도로 무던했다. 공포감이 엄습해왔다. 주체할 수 없는 답답함이 머릿속을 가득 채웠다. 고개를 숙였다 폈다 하며 어쩔 줄을 몰라 하던 여자는 생각나는 말들을 전부 내뱉었다.

"어차피 병원에 가도 수술 못 해요. 전기도 사람도 없는데 어떻게 수술을 해. 아저씨 의사에요? 그래도 자기 몸에 수술 할 순 없잖아요. 그, 그래 못 할 거야. 그리고 그 소문도 사실인지 아닌지 모르는 거잖아요. 다른 사람 장기만 이식받는다고 병이 전부 낫는다고요? 그럴 리가 없잖아요! 그리고….”

“수술할 수 있어.”

그녀의 절규에도 남자는 꿈적도 하지 않았다.

“부인이 의사였어. 우리 병원에만 가면 수술은 로봇이 다 해줄 거야. 전기는 없어도 괜찮아. 병원에 있는 비상 전원을 쓰면 되니까.”

“근거도 없는 소문만 믿고 사람을 죽인다고요? 그러고도 사람이에요?”

남자는 긴 한숨을 내쉬었다. 그리고는 여자가 있는 뒤편으로 고개를 돌렸다. 눈알이 없어 텅 빈 왼눈이 있던 자리, 입, 콧구멍, 양쪽 귀까지. 머리의 모든 구멍에서 피가 흐르고 있었다.

“가만히 있으면 어차피 죽어. 너라도 나처럼 했을 거야. 거의 다 도착했다. 금방 편하게 해 줄게.”

그로부터 5분여를 더 달린 자동차는 어딘가에 정차했다. 남자는 여자의 팔다리에 묶은 케이블타이를 체크했다. 어디론가 사라졌다가 잠시 뒤 돌아온 그의 손에는 주사기 하나가 들려 있었다. 아까 부러진 것과 같은 주사일거라고 여자는 생각했다.

“이번에는 가만히 있어라. 하나도 안 아프니까 겁먹지 마. 그냥 한숨 잔다고 생각해.”

여자는 바닥에 시선을 떨군 채 읊조렸다. 얼굴은 이미 눈물로 엉망진창이었다.

“당신은 지옥에 떨어질 거야. 사람도 아니야.”

남자는 개의치 않았다. 여자의 팔에 주사를 꽂은 그는 엄지손가락으로 마취제를 밀어 넣었다. 그리고 말했다.

“너는 천국에 갈 거야. 내가 빌어줄게.”

정신이 점점 아득해져 갔다. 또다시 모든 빛이 끊어졌다.

“으으….”

흰 조명이 얼굴 위로 쏟아졌다. 여자는 자신이 다신 눈을 뜰 수 없을 거라고 생각했다. 하지만 그녀는 눈을 떴다. 수술용 메스와 여러 종류의 집게들. 가위. 그 밖에도 이름 모를 도구들이 주렁주렁 달려있는 기계 팔이 그녀의 배 위에 있었다. 식겁한 그녀는 몸부림을 쳤지만 팔과 다리가 수술대에 고정되어있었다. 다행히도 원래 묶여 있었던 케이블 타이 대신에 찍찍이가 붙은 밴드가 감겨있었다. 쉽게 뜯어낸 여자는 수술대에서 내려왔다.

여자는 수술실의 문 쪽으로 천천히 다가갔다. 고개를 조심스레 내밀고 자신을 납치한 남자를 찾았다. 그녀를 이곳으로 데려온 남자는 그녀가 계속 수술대에 누워있길 바랄 것이다. 지금은 잠시 자리를 비웠지만 어디서 튀어나와 그녀를 제압할지 알 수 없었다. 여자는 발소리에 신경을 기울이며 문밖으로 나갔다.

“아아악!”

무언가 물컹한 것을 밟은 여자는 비명을 지르고 말았다. 하지만 근처에 있던 누군가가 소리를 듣고 오는 일은 없었다. 여자의 발밑에는 그녀를 납치한 남자가 쓰러져있었다.

여자는 두근대는 심장을 달래며 남자의 얼굴을 살폈다. 남아있는 오른 눈은 천장을 바라보고 있었지만 생기라곤 없었다. 여자는 끝까지 남자의 동태를 살피며 뒷걸음질로 병원 건물을 빠져나왔다.

여자는 집을 향해 걸었다. 이곳이 어디인지 정확히 알 순 없었지만 큰 도로에 있는 이정표를 따라 집이 있는 곳으로 향했다. 또다시, 모르는 사람이 자신을 위협할까 두려워 주위를 살피며 걸었지만 이제 살아있는 사람은 볼 수 없었다.

도로 위에는 버려진 자동차들이 무질서하게 멈춰있었다. 그것들을 이리저리 피해 가며 한동안 걷던 그녀는 뭔가 이상한 것을 느꼈다. 시체들의 냄새가 나지 않는 것이었다. 시내보다야 적었지만 꽤 많은 시체가 도로 위에 누워있었다. 하지만 여자는 그들이 썩어가는 냄새를 맡을 수 없었다. 그 사실을 안 뒤로부터는 더 많은 것들을 알아챌 수 있었다. 손과 발에서도 아무런 감각이 느껴지지 않았다. 시야도 점점 노랗게 변해갔다.

아스팔트 도로 위에 쓰러진 여자는 몇 분이 지나고 나서야 몸을 일으켰다. 그녀는 그 이후로도 3번 더 쓰러진 뒤에야 일어나는 것을 멈췄다.

비(rain)

설지수

설지수 나만의 이야기를 만들고 싶은 소소하게 살아가는 사람입니다

깊디깊은 산 속 어딘가, 저택이라 부르기엔 그리 크지 않지만 나름의 운치가 깃들어 있는 집이 한 채 있다. 집의 주변은 매우 고요해 귀를 기울이면 산짐승이나 식물이 내는 소리밖에 들려오지 않던 와중 갑자기 콰앙하는 큰 소리가 저택 내부에서 들려왔다. 그리고 동시에 소리가 난 방향으로 재빠르게 움직이는 인영이 보였다.

"에이프린, 괜찮나?"

"다행히 다친 곳은 없네요, 레인님."

소리가 들린 곳에는 160센티정도 되어 보이는 금색 장발의 하녀복을 입은 소녀가 있었고, 마찬가지로 레인이라 불린 175센티정도의 키와 은색의 장발을 휘날리며 급히 달려온 남자가 소녀의 앞에 무엇인가가 폭발한 흔적을 보고 있었다.

"그런데 말이죠, 레인님. 도대체 이런 위험한 물건이 어째서 바닥에 널부러져 있는 거죠?"

"어, 어? 그, 그게..."

레인은 도착하자마자 에이프린의 안부를 물었지만 그녀는 레인에게 그렇게 호의적인 눈빛을 보이진 않았다.

"이 넓은 집에 사람이라고는 저랑 레인님, 둘 밖에 없고 이 방을 치운지는 고작 3일 밖에 지나지 않았는데 말이죠. 설명을 좀 해주시겠어요?"

에이프린의 날 선 목소리에 레인은 다급하게 화제를 돌리려고 했으나, 마침 같은 타이밍에 두 사람의 앞에 또 다른 인영이 나타났다. 185센티는 될 법한 키에 긴 장발을 가볍게 묶은 호리호리한 이 남성은 레인의 유일하다 싶은 친우이자 마녀회에서 '붉은 파도'라는 이명을 받은 마녀, 메르였다.

"역시 집에 있었구나, 레인. 너에게 있어 좋은 소식과 안 좋은 소식이 있어 찾아왔다."

"마침 딱 좋은 타이밍에 찾아왔어, 메르. 덕분에 살았으니 좋은 소식부터 듣도록 하지."

"내 집이 성기사단에게 발각 되서 공격당했다.

"확실히 나한테는 좋은 소식이군. 그럼 안 좋은 소식은 뭐지?"

"그놈들이 날 따라서 이쪽으로 올 거야."

"그렇군. 정말이지 넌 최고의 친구야, 개 같은 자식아."

"별 말씀을."

"괜히 맞설 생각하지 않고 물러서는 게 현명하겠군. 에이프린, 내 연구기록만 최대한 챙겨둬. 난 그동안 방어 결계를 강화하고 오겠어. 넌 다시 가서 시간이나 끌고 있어라, 메르. 기왕이면 가서 뒤지면 더 좋고."

"알겠습니다, 레인님."

"뭐, 내가 끌고 왔으니 그 정도는 나도 도와야지."

갑자기 일어난 성기사들의 침입이었으나 레인은 당황하지 않고 신속하게 지휘했다. 세 사람은 약 일각의 시간동안 각자 도주를 위한 준비를 마치고 다시 그 방에 모여 에이프린이 모아온 레인의 연구 자료를 불태워 버렸다. 어차피 내용은 레인의 머릿속에 있으니 성기사단에게 넘어가지 않도록 하는게 좋다는 레인의 의견이었다.

"이 정도면 시간벌이도 될 거고 중요한 자료도 다 태웠으니 슬슬 도주를..."

그 때, 천둥 같은 소리와 함께 그들이 있는 방의 한쪽 벽이 무너져 내리며, 커다란 인영이 나타났다. 2미터는 넘을 법한 커다란 키에 타오르듯 붉은 머리칼을 가지고 금사자가 장식된 흰 갑옷을 입은 사내였다.

"금사자단장 스칼렛..."

금사자단장 스칼렛, 그는 성기사단 내에서도 마녀의 체포와 압송, 구축 등 마녀와 관련된 일이라면 어느 정도의 피해가 발생하던 어떤 책임도지지 않고 모든 권한을 전권 수령한 금사자단의 필두로써 자신에게 이익이 된다면 무고한 자를 마녀로 몰아세워 처형한 뒤 재산을 몰수하는 일도 서슴지 않는 탐욕스러운 인간이지만, 그 실력만큼은 감히 성기사단의 누구도 의심하지 못하는 남자로 성기사들이 레인의 예상을 뛰어넘고 빠르게 침입한 것 또한 이 남자 하나 때문이었다.

"'붉은 파도', 메르와 '은묘', 레인. 감히 신께 대적하는 마녀들아,

도망갈 곳 따윈 없다. 금사자단 돌격!"

"젠장, 하필이면 스칼렛이 있을 줄은. 에이프린, 이 쪽으로!"

스칼렛의 돌격 명령과 동시에 파괴된 벽 쪽에서 수 많은 성기사가 물 밀 듯 쏟아져 들어왔다. 그들의 돌격과 동시에 레인은 에이프린을 자신의 옆으로 불러들여 성기사들이 쳐들어 온 벽의 반대편으로 달아나기 시작했으나, 이내 온 사방에서 성기사들이 밀려들자 어찌할 도리가 없었다. 그들을 죽여 활로를 여는 방법 밖에는...

"안 됩니다, 레인님. 여지껏은 살생을 하지 않아 성기사들이 적극적으로 우리를 추적하지는 않았지만, 한 명, 그것도 성기사를 죽인다면 앞으로 평화로운 삶은 힘들어지게 될 거예요. 어떻게든 다른 방법을 찾아보죠."

"그래, 네 말이 옳다. 어떻게든 살생 없이 도주해 보도록 하자."

레인은 그렇게 말했으나, 마땅한 계획은 떠올리지 못했다. 그 때, 스칼렛을 정면으로 막아서던 메르가 스칼렛과 성기사의 합동공격에 당해내지 못하고 날려져와 레인과 에이프린을 포위하던 성기사들의 한 축을 무너뜨렸고, 우연찮게도 그 방향에는 텔레포트의 마법진이 새겨져 있는 방이 있었다. 레인은 길이 열림과 동시에 에이프린을 안아들고 경량화와 비행의 마법을 사용해 순식간에 그 방에 도착해 마법진에 마력을 흘려넣었다.

그렇게 에이프린과 그 장소를 이탈하려는 찰나, 스칼렛이 던져낸 검이 그들에게 닿았다. 레인이 상시 전개하고 있는 방어마법과 검이 날아오며 힘이 약해진 덕에 둘은 부상을 입지는 않았지만, 충격에 의해 에이프린과 레인은 서로 떨어지게 되었고, 이미 발동한 텔레포트는 레인의 의지대로 멈추지 않았다. 그는 필사적으로 에이프린에게 손을 뻗어보았으나, 두 손이 맞닿기 직전, 레인의 시야는 급변하여 넓게 펼쳐진 초원만이 보였다. 그렇게 그는 집에서 멀리 떨어진 곳에 있는 초원에 홀로 도착하고 말았다.

"이런, 제길!"

당장이라도 돌아가고 싶지만, 이 곳은 레인의 집으로부터 수십 킬로는 떨어져있다. 지금 당장 출발하더라도 도착했을 때에 레인의 집에는, 메르나 에이프린은 고사하고 성기사단 또한 남아있지 않을 것이다.

'아마 메르는 어떤 식으로든 도망치는데 성공했을 테지만, 에이프린의 도망은 절망적일 것이다. 성기사단에 붙잡힌 그녀는 높은 확률로 즉결 처형이 아닌 마을의 처형대에서 정식으로 처형할 거야. 그렇게 반항하지도 않을 테고 무엇보다 마녀회의 최고 간부 중 하나인 내 제자이니 말이야. 그렇게 된다면 최소한 일주일에서 열흘 정도는 시간이 있을 터, 일단은 정보를 모아야겠군.'

레인은 정보를 얻기 위해 자신의 집에서 가장 가까운 마을로 향했다. 시간이 많지 않은 만큼 레인은 신체 강화 마술까지 사용해 전력으로 달려 이틀에 걸쳐 아츠메일에 도착하자마자 주점으로 갔다. 그리 크진 않지만 자리를 꽉 채우고 있는 손님들이 만들어내는 소음은 레인에게 그 어떤 주목도 향하지 않게 해주었고, 그 덕에 레인은 구석진 자리에 앉아 편하게 정보를 모을 수 있었다. 주점에서 얻어낸 정보는 레인이 짐작한 것보다 시간이 훨씬 촉박하다는 것이었다.

상대가 스칼렛이어서 그런 것인지 어떻게든 빠져나갔을 줄 알았던 메르 또한 에이프린과 함께 붙잡혀 있고, 그들의 처형식이 바로 내일이라는 것이다. 에이프린이 도주한 것 때문에 시간을 그리 오래 끌지 않기 위함인 것 같았다. 설상가상으로 내일의 처형식에는 금사자단 전원에 더해 적수리단장 코발데까지 참석한다는 소식에 레인은 내일 에이프린을 구하기란 쉽지 않을 것이라고 예상하며 잠시 옛 추억을 회상했다.

'전복된 마차와 몇 구의 시체, 마차에서 쏟아진 물품들을 보아하니 행상이었나 보군. 저 소녀가 아마 이 행상의 일행인 듯싶고, 그 앞에 있는 녀석은 이름까지는 기억이 나지 않지만 아마 처녀를 제물로 삼는 흑마술을 일삼는 녀석으로 마녀회에서 추방당한 녀석이었지.'

"싱싱한 처녀는 오랜만이라 제대로 맛보고 데려가고 싶지만, 이 근처 어딘가에 '은묘'의 거처가 있다는 소문이 있어 이 어르신이 나중에 제대로 맛을 봐주마. 눈에 띄기 전에 빨리…"

"이미 늦었어."

"뭐, 어느 틈에!"

레인의 말과 동시에 마녀의 목이 몸에서 떨어져 나갔고, 레인은 소녀를 자신의 집으로 데려가 치료해 주고 정신을 차릴 때 까지만 돌봐주었다. 그리 많은 날이 지나지 않아 소녀, 에이프린이 정신을 차리자 레인은 그녀를 자신의 방으로 불러 상처가 다 아물면 곧바로 돌아가라는 말을 전했으나, 에이프린은 레인에게 자신을 하녀로 고용해줄 것을 제안했고 레인은 수차례 거절했다. 그러나 에이프린은 끈질기게 고용해 달라고 레인을 졸랐고 결국 그녀의 끈질김에 이기지 못해 레인은 그녀의 제안을 마지못해 수락했다. 이후 몇 달 간의 동거 동안 혼나고 다치고 걱정하고 즐거워하며 두 사람은 유대를 키워갔고, 결국 에이프린은 하녀일 뿐 아니라 레인의 유일한 제자가 되었다.

길지 않은 회상을 마친 레인은 처형식에서 에이프린과 메르를 구출해 낼 준비를 시작했다.

다음 날, 태양이 중천에 오르자 마을의 중심부에 위치한 교회의 옆 처형대에서 처형식의 시작을 알림과 함께 성기사들과 일반 민중들의 함성이 터져 나왔다. 레인은 관중들 사이에 조심스레 섞여있었고, 얼마 지나지 않아 에이프린과 메르가 포박된 채 끌려 나왔다.

레인은 그들을 발견하고는 안도와 함께 슬픈 표정을 지었다. 겉으로 보이는 커다란 상처는 없었으나 겨우 이틀 사이에 굉장히 수척해진 얼굴을 하고 있었기 때문이다.

그런 와중에도 처형식은 빠르게 진행되어 어느새 처형 집행까지는 수 초 정도밖에 남지 않았다. 그 때, 레인은 행동을 개시했다. 순식간에 처형인의 앞에 당도해 그의 목을 날리고 에이프린과 메르의 포박을 풀어내며 장 내의 시선을 한 몸에 모았다.

"레인님!"

"기다리다가 목이 빠질 뻔했다고, 은묘님."

“반격 시작이다.”

레인의 등장으로 에이프린은 기쁨을 감추지 못하는 표정을 지었으나 동시에 눈물 섞인 목소리로 말했다.

“당신의 미래는 어쩌자고 여기까지 온 건 가요? 저 같은 건 내버려두고 혼자서라도 도망쳤다면...!”

자신을 버리라고 하는 에이프린이 살짝 못마땅해 반박하려 했으나 그녀의 울먹이는 표정을 본 레인은 한 마디 밖에 할 수 없었다.

“미인하다.”

“이렇게 된 이상 어쩔 수 없잖아? 화려하게 탈출해 주자고.”

이들이 재회의 감동을 맛보기도 잠시, 스칼렛과 코발데가 그들의 앞을 막아섰다.

“네가 다시 돌아올 줄 알고 있었다. 하지만 우리의 손에서 도망칠 수 있을 거라 생각하는 건 오만이지 않나? 각오해라!”

그들은 각자 레인과 메르에게 덤벼들어왔다. 레인과 메르는 그들의 대검을 신체 강화 마술로 아슬아슬하게 피해가며 마술로 불과 번개 들을 소환해가며 반격해 일진일퇴의 공방을 이어나갔다. 그런 그들의 균형이 깨진 것은 그들이 아닌 외부 요소에 의해 일어났다.

범인은 감히 끼어들지 못할 영웅 급의 결투의 옆에서는 에이프린에게 달려드는 성기사단이 있었고, 레인의 제자로 호신용의 마술 정도는 쓸 줄 알았으나 이만한 양의 적을 상대하기에는 역부족이었던 에이프린에게 결국 성기사 한 명의 검이 닿기 시작했다. 한 번 상처가 생기자 움츠러든 에이프린과 반대로 성기사들의 사기는 점점 올라갔고, 결국 에이프릴은 잔상처 뿐 아니라 배에 치명상을 입게 되었고, 레인 또한 싸움에 집중하지 못해 스칼렛에게 허벅지에 커다란 자상을 허용하고 말았다.

"크윽, 젠장."

"오늘 네놈들 마녀가 살아 돌아갈 일은 절대 없다!"

절체절명의 순간, 메르가 갑자기 모습을 크게 변모했다. 등에서는 검은 날개가 자라나고 눈은 붉게 충혈 되었으며 머리카락, 손톱 등이 기이하게 빠르게 자라, 마치 신화 속에 등장하던 악마와 같은 모습이 되었다.

"애초에 이 사단이 나 것도 내 탓이니까 해결도 내가 해야겠지 않겠나, 레인. 많이 늦었지만 지금이라도 붉은 파도의 힘을 보여줘야지."

이것은 마녀의 금술, 한 번 시전하면 다시는 인간의 모습으로 돌아오지 못하는 '쌍둥이 달의 형제신의 사자'가 되는 비술이다. 신의 사자가 되는 만큼 존재의 격이 달라지기 때문에 그저 존재하는 것만으로도 소비하는 에너지의 양이 차원이 달라 길어봐야 30분도 채 지나지 않아 죽어 달의 신의 제물로써 바쳐지지만 그만큼 강력한 신화 속의 힘을 얻게 된다.

메르는 그 위용을 제대로 떨쳐 보이기 시작했다. 고전하던 스칼렛과 코발데를 손짓만으로 물러가게 하고, 단 한 번의 마술로 수십의 성기사들의 목숨을 앗아갔다. 레인은 메르에게 미안함과 고마움을 동시에 느끼며 에이프릴에게로 향했다. 그러나 메르에게 압도당해 그 자리에서 그대로 얼어붙어 전의를 상실한 대부분의 성기사와는 다르게 한 성기사만은 투지를 잃지 않고 레인이 에이프린에게 도착하기 전, 그 짧은 순간에 그녀의 심장에 검을 찔러넣으며 외쳤다.

“신의 뜻을 져버린 마녀들에게 파멸을!”

놀란 레인이 급히 그의 머리를 날려버리고 에이프린에게 달려갔으나, 그녀는 작별인사조차 하지 못하고 이미 시체가 되었다. 분노한 레인이 날뛰려 했으나, 주변은 이미 메르에 의해 초토화가 된 이후였다. 강적이었던 스칼렛과 코발데 또한 이미 한낱 고깃덩어리로 변모해 있었고, 메르 또한 육체만이 남고 영혼은 달의 신의 손아귀에 잡혀 있었다. 허탈해진 레인은 에이프린과 메르의 시체를 가지고 자리를 벗어났고, 훗날, 이 날은 아츠메일의 재앙이라고 불리게 되었다.

그리고 몇 년이 지난 뒤, 어느 깊은 숲 속에서 한 소녀가 불안한 표정으로 급히 달려 나가고 있다. 그 뒤에서는 어떤 남자가 음흉하게 웃으며 그 소녀를 뒤쫓아 가고 있었다. 얼마 지나지 않아 소녀는 넘어지며 뒤통수를 나무에 박아 의식을 잃게 되었고, 남자는 음흉한 표정을 지우지 않고 그 소녀에게 다가갔다. 소녀의 윗도리를 마구 찢어버리며 겁탈하려 들던 남자는 어디선가 차가운 바람이 불어와 목을 만졌으나 아무 일도 일어나지 않았고, 다시 소녀를 겁탈하는 것에 집중하려는 찰나 시야가 점점 아래로 내려갔다. 이내 쿵하는 소리가 들리고 남자의 시야가 누워있는 채로 영문을 몰라 두어 번 눈을 깜빡이더니 더 이상 눈을 뜨지 못했다. 그리고 그 자리 근처에서 은발의 머리카락이 슬쩍 빛을 발했다.

2021

보라

보라 끊임없이 스스로를 평가하고 비판하며 살아왔던 사람. 자신이 정해 놓은 기준에 맞춰 살아왔던 사람. 현재는 다니던 회사를 퇴사하며, 자신의 마음을 돌보고 있다. 2021년, 우울증을 심하게 겪었던 시기를 책에 담았다. 자신을 위해 책을 쓰기 시작했다. 모두가 자신과의 싸움에서 이기기를 바란다. 지금도 힘든 시기를 살고 있는 사람들에게 감히 위로를 건네고 싶다.

오피스텔 난간에 매 달리다.

한 여자가 오피스텔 난간에 매달려 서 있었다. 그녀의 머리는 누구랑 싸우기라도 한 듯 마구잡이로 헝클어져 있었고, 초점 없는 눈빛으로 멍하니 서 있었다. 그녀는 힘들거나 슬퍼 보이지 않았다. 오히려 편안해 보였다. 모든 걸 포기해서인지 편안해 보이는 그녀의 표정. 사람들은 이상한 표정으로 그녀를 쳐다보고 지나갔다. 시간이 한참 흐르고 한 남자가 그녀에게 다가가 말을 걸었다.

"괜찮으세요? 무슨 일 있으세요?"

그녀는 그를 쳐다보지도 않고 대답했다.

"괜찮을걸요. 어차피 또다시 살게 되어 있어요. 어제도 그랬거든요."

그는 그녀의 대답을 듣고 돌아섰다. 그녀를 이상한 표정으로 쳐다보고 지나갔던 수많은 사람과 똑같은 표정을 하고는 가던 길을 갔다.

딱 봐도 컴퓨터 몇 대는 그냥 들게 생겼는데 이거 하나 빨리 못하니.

알람 소리가 울렸다. 매일 알람이 울리는 시간 7시. 그녀는 눈을 떴다. 또 밤을 새워버렸다. 불면증에 시달리고 있는 그녀에게는 잠을 자는 것이 가장 어렵다. 그녀는 어김없이 출근 하기위해 핸드폰 알람을 끄고, 일어나 준비하고 나갔다. 같이 회사에 다니는 친한 언니를 만나 커피를 사면서 대화를 나눴다. 언니가 걱정스러운 표정으로 그녀에게 물었다.

"너 또 잠 못 잤지? 눈이 퀭해."

그녀는 한숨을 쉬며 언니의 물음에 대답했다.

"응.. 이틀째 못 자고 있네."

언니와 이런저런 얘기를 하다가 회사에 도착했다. 사무실을 열고 불을 켰다. 문을 열자마자 느껴지는 사무실의 공기는 그녀를 답답하게 만들었다. 그녀는 컴퓨터를 켜고 쌓여있는 메일을 확인했다. 수많은 메일 속에서 급한 일부터 처리했다. 전화기는 계속해서 울렸고, 전화를 받으면서 일을 해결했다. 바쁜 와중에 그녀는 순간 생각에 잠겼다.

'아무 의미 없다. 나는 지금 어떤 일을 하고 있는 것일까. 이 일이 내가 꿈꾸던 일일까.'

이런저런 생각들이 그녀의 머리를 꽉 채운다. 복잡한 생각도 잠시 그녀는 마음을 다잡고 다시 일한다. 시간이 지나 점심시간이 되었다. 8명 정도 직장 동료들과 둘러앉아 밥을 먹었다. 사람들은 신이 나서 대화를 나눴다.

"내가 어제 웃긴 일이 있었어. 말해줄게."

"내가 저번에 여기 갔는데 너무 좋았잖아. 너네도 꼭 가봐."

이런 대화들이 한참을 오고 갔다. 그녀는 그 속에서 시종일관 웃는 얼굴을 유지하며, 사람들과 자연스럽게 대화를 이어 나갔다. 그녀는 밥을 다 먹고 나와 다시 사무실로 올라갔다. 갑자기 그녀의 눈에서 눈물이 흘렀다. 불과 몇 분 전까지 웃고 있었던 그녀의 얼굴이 일그러지더니 하염없이 울었다. 갑자기 흐르는 눈물에 그녀는 크게 당황했다. 그녀는 사무실에 가만히 앉아 자신이 운 이유에 대해 생각했다. 하지만 끝끝내 눈물을 흘린 이유를 찾지 못했다.

"따르릉 ……"

전화 소리가 사무실의 정적을 깼다. 좀 있으면 강의실에 컴퓨터가 들어오니 기존에 있던 컴퓨터들을 옮기라는 전화였다. 그녀는 컴퓨터가 들어오는지 전혀 몰랐다. 그녀가 입사한 지 얼마 되지 않았고, 인수인계를 받지 않아서가 이유일 것이다. 그녀는 한숨을 쉬며 강의실로 들어갔다. 눈앞에 보이는 컴퓨터는 20대. 모니터와 컴퓨터에 연결된 선들을 다 뽑고 뒤에 있는 창고로 옮겨야 했다. 보통 이렇게 갑작스럽게 급한 일이 생기면 주변 동료들에게 도움을 청한다. 하지만 그녀에게는 도움을 청하는 것은 가장 어려운 일이다. 그녀의 성격상 아무리 어려운 일이더라도 도움을 청하기보다는 혼자 해내야 하기 때문이다. 시간이 얼마 남지 않았다. 그래도 최대한 빨리 끝내기 위해 주어진 시간에 최선을 다했다. 4대 정도가 남았을 때쯤 밑에서 큰 소리가 들렸다. 컴퓨터들이 들어왔나 보다. 소리가 가까워지면 질수록 그녀의 마음은 조급해졌다. 그녀의 등에 땀이 맺혔다. 그녀는 긴장하면 땀이 심하게 난다. 그녀의 등은 순식간에 젖어갔다. 무엇이 그녀를 그 순간 긴장하게 했을까. 아마 자신이 해내지 못했다는 이유 하나 때문일 것이다. 멀리서부터 일그러진 표정으로 한 남자가 그녀에게 다가왔다. 그녀는 웃는 얼굴로 그에게 인사했다. 고개를 숙인 그녀의 인사를 받기 전부터 그는 그녀를 향해 소리 질렀다.

"아직 이거 하나 못 끝냈어? 내가 아까 전화했잖아. 들어온다고."

순간 그녀는 머리가 새하얘졌다. 숙인 고개를 올리고 싶지 않았다. 그녀는 바닥을 바라보며 그에게 할 말들을 생각했다.

'며칠 전에는 말해줄 수 있는 거 아닌가요? 그래요. 그것도 안 바랍니다. 그러면 최소 오전에는 말씀해주셔야죠. 전화 받고 나서부터 다른 일 다 미루고 최대한 빨리하고 있었어요.'

그녀는 속으로 생각한 말들을 말하기 위해 고개를 올렸다. 그녀는 말했다.

"죄송합니다."

정적이 흐린 뒤 그는 기분 나쁜 웃음을 지으며 그녀에게 말했다.

"딱 봐도 컴퓨터 몇 대는 그냥 들게 생겼는데 이거 하나 빨리 못 하니."

그녀는 그의 말을 듣자마자 그 공간을 뛰쳐나왔다. 회사 밖을 나갈 수도, 집에 갈 수도 없었다. 그녀에게 피할 수 있는 최적의 장소는 화장실이었다. 화장실 맨 끝 칸에 앉아 하염없이 울었다. 밖에 소리가 새어 나가기라도 할까 봐 입을 틀어막고 눈물을 흘렸다. 몇 분이 지나고 화장실에서 나왔다. 그녀는 아무렇지 않은 척 남은 일을 해결해 나갔다. 시계를 보니 퇴근할 시간이었고, 그녀는 사무실을 정리한 후 불을 끄고 나왔다. 집에 걸어가던 중 마트가 보였다. 그녀는 마트에 들어가 맥주 한 캔을 샀다. 마트에서 나오자마자 그 자리에서 맥주를 벌컥벌컥 들이켰다. 맥주를 마시면 답답한 속이 나아질 줄 알았는데, 착각이었다. 아직도 음식을 급하게 먹다가 체한 거 처럼 너무 답답했다. 이를 해결하고 싶어 고향에 있는 친구에게 전화를 걸었다. 친구에게 오늘 회사에서 있었던 일을 막 쏟아냈다. 친구는 그녀와 함께 화내주었고, 위로해주었다. 진심으로 그녀를 걱정해주어서 고마웠다. 하지만 친구와의 전화를 끊은 후에도 그녀의 속은 아직 답답했다. 그녀는 어떻게 해야 자신이 괜찮아질까를 생각했다. 그러다가 또 어제처럼 거의 잠을 자지 못했다.

그녀의 기준

또다시 하루는 시작되었다. 그녀는 계속 밤에 머물고 싶었다. 하지만 야속하게도 아침은 그녀를 또 깨웠다. 힘겹게 눈을 뜨는 그녀의 노력과는 달리 우울한 날들이 반복되었다. 그녀는 자신이 하고 있는 일들이 자신에게 의미 없다는 생각을 매 순간 했다. 또한 동료들과 함께 있을때 우울한 자신의 기분을 숨기고 억지로 행복한 척 웃었다. 자기 자신을 숨겨야 하는 인간관계에 지쳐갔다. 그래도 주말에는 고향에 있는 좋아하는 친구들을 만날 수 있는 시간이 주어졌다. 주말은 그녀에게 힘든 평일을 버틸 힘을 주었다. 그녀는 친구들 만날 생각에 목요일부터 설레어왔다. 토요일 아침에는 조금은 나은 기분으로 눈을 떴고, 도망치듯 고향으로 갔다. 친구들을 만나서 술 마시면서 서로 그동안 있었던 일들을 막 얘기하는 시간을 가졌다.

"얘들아. 나 요즘 너무 힘들어. 나도 내가 왜 그러는지 모르겠는데 매일이 우울해. 다 그만두고 싶어. 그냥 다시 집으로 올까. 이러다가 우울증이 크게 올 거 같아. 어떻게 하는 게 맞을까."

그녀는 이 말을 친구들에게 하고 싶었다. 술잔을 바라보며 할까 말까를 고민하다 술자리가 끝났다. 매번 말을 하지 못하고 다시 자취방으로 돌아왔다. 그녀는 왜 그렇게 좋아하는 친구들에게 자신의 마음을 털어내지 못할까. 그 이유는 그녀 자신에게 있다. 주변 사람들에게 자신의 약한 모습을 보여주고 싶지 않은 그녀의 욕심 때문이다. 이런 모습을 자신의 약한 모습이라 칭하는 것도 그녀의 문제이다.

그녀는 어렸을 때부터 스스로 정해 놓은 기준으로 살아왔다.

첫 번째, 어떤 일이든 잘 해내야 하고, 무너지면 안 된다.

두 번째, 본인과 주변 사람들에게 당당하고, 멋있는 모습으로 보여야 한다.

마지막, 많은 사람에게 좋은 사람으로 남아야 한다.

그녀는 지금까지 이런 기준들로 살아왔다. 누구나 힘들고 무너지는 상황이 올 수 있다. 그녀는 그런 상황이 와도 자신을 위로하거나 주변 사람들에게 말하지 않았다. 애초에 자신이 힘들다는 것을 인정하지 못했다. 자신을 채찍질하며 그녀의 기준은 더 엄격해져 갔다. 그녀는 친구들 사이에서 오해가 생겨 억울하게 손가락질당했을 때도, 간절히 바라던 대학을 불합격 했을 때도, 주변 사람들의 부고를 들었을 때 등 충분히 슬퍼할 수 있는 상황에 괜찮다고 생각하며 살아갔다. 슬퍼하지도, 주변에 도움을 청하지도 않았다. 자신이 괜찮아야만 한다고 생각했기 때문이다. 그러다 보니 정말 자신이 괜찮은 줄 알았다.

이런 그녀이기에 친구들에게 자신의 마음을 이야기하는 게 너무 어려웠다. 그리고 자신의 이야기가 친구들에게 좋지 않은 영향을 줄 것 같았다. 친구들 대부분이 현재 대학을 다니고 있어서 그들에게 앞으로 갈 미래에 대한 두려움을 줄 수 있을 것 같았다. 이런저런 이유로 그녀는 쉽사리 친구들에게 얘기를 꺼내지 못했다.

그녀는 시간이 지나면 지날수록 점점 자신의 상태가 악화되고 있음을 느꼈다. 사람들과의 대화를 좋아했던 그녀가 말이 없는 사람이 되었다. 밖에 나가 사람들과 놀기 좋아했던 그녀가 아무도 없는 집에만 머물게 되었다. 그녀는 아침에 눈을 떠 잠이 들 때까지 무기력한 상태로 살아갔다. 혹은 다음날도 똑같은 하루가 반복될 것이라는 두려움으로 잠에 들지 못했다.

장례식장

오늘은 아침에 일어나는 게 상쾌했다. 마치 불면증이 다 나은 것 같이 잠도 푹 잤다. 우울했던 어제와 달리 기분이 정말 좋은 하루가 시작되었다. 회사에서 사람들과 만나 억지로 내는 웃음이 아닌 자연스럽게 웃으며 대화했다. 기분이 좋아 괜히 많은 사람과 어울리고 싶은 하루였다. 사무실에 앉아 있던 그녀에게 전화 한 통이 왔다. 핸드폰을 확인해보니 대학 친구의 전화였다. 연락을 안 한 지 오래된 친구여서 의아했지만, 바로 전화를 받았다.

"무슨 일 있어?"

친구가 흐느끼며 우는 소리가 전화 너머로 들려왔다. 그녀는 친구를 진정시키며 다시 물었다.

"괜찮아. 무슨 일이야. 말해봐."

그녀는 친구의 말을 듣고는 회사를 뛰쳐나갔다. 회사에 아무 보고 없이 그냥 나갔다. 집에 가서 옷을 갈아입고 다시 나와 택시를 잡았다.

"00 장례식장으로 가주세요. 최대한 빨리 부탁드립니다. 감사합니다."

택시에서 내렸는데 저 멀리 대학 친구들이 보였다. 다른 친구들도 택시에서 하나둘 급하게 내리고 있었다. 서로 오랜만에 봤지만, 인사도 제대로 하지 못했다. 아무 말을 할 필요가 없었다. 얼굴만 봐도 서로의 마음이 다 느껴졌다. 그녀는 친구들을 챙겨 안으로 들어갔다. 장례식장 안은 차가운 공기와 많은 사람의 울음소리로 꽉 채워졌다. 그녀는 자신의 친구에게 인사를 하고 나왔다. 그녀와 대학을 다니며 함께 2년 동안 수업을 듣고, 밥을 먹었던 친구였다. 회사에서 뛰쳐나온 순간부터 장례식장에서 나올 때까지 그녀는 눈물을 흘리지 않았다. 이상했다. 순간 자신이 진정으로 슬프지 않은가라는 생각까지 들었다. 지하철을 타고, 버스를 갈아타고 집에 도착했다. 집 앞에는 친한 언니가 걱정된 표정으로 그녀를 기다리고 있었다. 아무렇지 않게 그녀는 웃으며 언니를 만났다. 몇 분을 언니랑 웃으며 이런저런 대화를 나눴다. 언니랑 헤어지고 홀로 집에 들어오는 순간 그녀는 무너졌다. 신발을 벗지도 않고 그 자리에서 주저앉아 울음을 쏟아 냈다. 그녀에게 일어난 일이 그제야 실감이 난 것이었다. 신발장에서 쓰러져 한참을 울었다. 그녀는 속으로 빌었다.

'정말 신이 있다면 제발 도와주세요. 저 잠 안 자도 되고, 매일이 우울해도 되니까 한 번만 다 없던 일로 해주세요. 부탁드릴게요.'

한 시간 정도 지나 그녀는 조금 진정한 거처럼 보였다. 그녀의 배에서 소리가 났다.

"꼬르륵 …"

생각해보니 그녀는 온종일 아무것도 먹지 않았다. 하지만 그녀는 자신이 배가 고픈 것이 너무 싫었다. 이런 상황에서 배가 고프다니. 자신에게 화까지 났다. 배고픔을 느낀다는 것조차 친구에게 미안했다. 결국 그녀는 아무것도 먹지 못했다.

일기가 끝끝내 유서가 되었다.

그녀의 삶은 시간이 지나면 지날수록 피폐해졌으며, 불안한 감정들에 삼켜졌다. 우울함은 걷잡을 수 없이 깊어져 갔다. 그녀는 빛이 하나도 들어오지 않는 집 어느 한구석에 앉았다. 쭈그려 하염없이 눈물을 흘렸다. 누군가 들어줬으면 좋겠다는 마음이었을까. 그녀는 크게 울부짖으며 안쓰럽게 울었다. 창가에서, 다락방 계단에 앉아, 침대에서. 11평 정도 되는 좁은 집에 여러 곳에서 울다 지쳐 잠이 드는 게 일상이 되었다. 그녀는 여느 날과 다르지 않게 갑작스럽게 찾아온 우울로 한참을 고통스러워했다. 그러던 중 그녀는 종이 한 장과 펜을 든다.

유서.

절대 짧은 시간의 결정이 아니에요 충동적인
결정이 아니에요. 하루에도 수없이 죽고싶은 마음을
누르고 살아왔습니다. 확실히 말할 수 있는 건
어떤 누군가가, 어떤 상황이 저를 죽음으로
내몰은것은 아닙니다. 저를 힘들게 한 것은
오직, 제 자신입니다. 못 견디겠어요. 너무 괴로워요
매일 매일 큰 우울감이 저를 조여오는데, 저는
너무 답답하고 숨이 안쉬어 집니다. 그럴때마다
미래를 생각했어요. 나중에는 정말 행복해질까?
그런데 너무 무서운게 당장 내일도, 일주일
뒤도. 3개월, 일년 후도 기대가 되지 않아요.
올때까지 온 것 같습니다. 제가 버티고 살아가기엔
너무 힘든 세상인 것 같아요. 제자신이 나약하다고
인정하기까지가 너무 오래걸렸네요. 내 스스로를
왜이리 힘들게 했는지.. 부모님, 가족들 에게
너무 죄송하고 감사합니다. 제가 많이 좋아했던,
제 주변사람들에게 너무 미안합니다.
이라는 사람은 너무 오랫동안 기억하지 말아주세요
모두 다 감사했습니다. 후회없어요. 안녕.
- 2021.06.08 20:55 -

그녀는 집 밖으로 나가 걸었다. 그녀는 초췌한 몰골이었다. 그녀의 머리는 헝클어져 있었고, 초점 없는 눈으로 걷고 있었다. 한참을 걷다가 다시 집 쪽으로 돌아왔다. 그녀는 오피스텔 난간에 매달려 지나다니는 차를 바라보았다. 이상한 표정으로 그녀를 쳐다보고 지나가는 사람들의 시선은 신경 쓰이지 않았다. 많은 생각들이 그녀의 머리 속을 스쳐 지나갔다.

'이렇게 살고 싶지 않다. 너무 힘들다. 내가 이렇게 힘든 이유가 무엇일까. 어떻게 하면 괜찮아질까.'

그녀는 매일을 공기처럼 찾아온 우울에 고통스러워했다. 자신이 느끼는 감정들을 일기로 쓰면서, 끝끝내 일기가 아닌 유서가 되는 수많은 밤을 반복하며 살았다. 매일 밤을 힘들어하고, 그녀를 깨우는 아침에 더 힘들어하며 하루하루를 보냈다.

엄마와의 통화 1분 32초.

또다시 고통스러운 밤이 찾아온 그녀에게 전화 한 통이 왔다. 엄마의 전화였다. 울고 있던 그녀는 아무렇지 않게 전화를 받았다. 엄마가 말했다.

"요즘 잘 지내? 전화 한 통이 없어. 보고 싶어."

엄마의 말 한마디에 그녀는 또다시 무너졌다. 엄마에게 힘들다고,

살고 싶지 않다고 말하고 싶었다. 하지만 그녀는 아무 말 하지 못했다. 그런 그녀에게 엄마는 말했다.

"힘들면 집으로 와. 괜찮아. 다 괜찮으니까 어서 와."

숨죽이며 울다 전화를 끊었다. 그 후에도 그녀는 한참을 울었다. 집에 와. 다 괜찮아. 이 말을 그녀는 듣고 싶었던 것 같다. 그녀가 힘들다고 말하지 않아도 엄마는 다 알고 있었다. 엄마의 걱정스러운 목소리와 집에 오라는 말 한마디가 그녀에게 큰 위로가 되었다. 그녀를 생각해주는 엄마에게 자랑스러운 딸이 되고 싶었다. 스스로 강해지고 싶었다. 엄마와의 전화 1분 32초. 이것이 그녀에게 자신의 상황을 이겨내고 싶다는 생각이 들게 만든 것이다. 수없이 많은 날을 힘들어했던 그녀는 결심했다. 자신의 상황을, 자신이 겪고 있는 감정들을 인정하고 이겨내겠다고. 그녀는 마냥 울다가 지쳐 잠이 드는 것이 아닌 생각을 바꾸어 보기로 했다. 가장 먼저 자신의 우울의 원인을 생각해 보았다. 자신이 느끼는 감정들에 대해 사색을 하고, 글을 썼다. 현재 자신이 느끼는 것을 정말 솔직하게 써보았다. 그리고 책도 읽고, 노래도 들었다. 에세이 종류의 책들이 그녀에게 큰 위로가 되었다. 책에 쓰여 있는 글이 마치 그녀의 상황을 알고 그녀에게 말해주는 것 같았다. 그녀는 여러 가지 방법으로 극복해 나가는 법을 찾으려고 노력하며 살아갔다. 그러던 중 그녀는 어제와 다른 자신을 발견했다. 그녀는 그동안 많은 근심과 걱정으로 잠을 이루지 못했지만 조금씩 잠을 자기 시작했다. 혼자 집에서 있는 것이 아닌 나가서 사람들을 만나기 시작했다. 그리고 친구들을 만나 그동안 하지 못했던 말을 하며 도움을 청했다. 큰 변화가 일어나진 않았지만, 아주 조금 미세하게 그녀는 달라지고 있었다.

나는 괜찮아지려고 노력 중이다.

그녀는 2021년, 가장 힘들었던 순간에서 동시에 큰 깨달음을 얻게 되었다. 행복과 불행은 크게 다를 것이 없다는 것. 행복도 자신이 만드는 것이고, 불행 또한 자신이 만드는 것이라고 생각한다. 그녀는 행복의 기준, 불행의 기준을 정해 놓지 않기로 했다. 행복과 불행 어느 언저리에만 있기로 했다. 그리고 그녀는 우울의 원인이 자신에게 있다는 것을 깨달았다. 무기력함, 불안, 두려움, 우울 이 모든 감정이 그녀에게 찾아오는 과정에 그녀가 처한 상황이 또는 주변 사람들이 영향을 주었을지라도 결국은 그녀가 만들어낸 것이었다. 자기 자신을 고통스러운 상황으로 빠지게 만든 것은 그녀였다. 타인과 자신을 비교하고 자책하며 그녀는 스스로를 고통스럽게 만들고 있었다. 그녀 자신이 만든 우울이기에 이겨내는 것도, 이겨내는 법을 찾아가는 것도 그녀의 몫이었다.

그녀는 행복과 불행 어느 언저리에서 편안함을 느끼고 싶었다. 행복하지도, 불행하지도 않은 편안한 하루들을 보내고 싶은 게 그녀의 가장 큰 소망이 되었다. 그녀는 가장 먼저 자신이 힘들다는 것을 인정하기로 했다. 자기 자신에게까지 인정하지 못하는 삶을 살았던 그녀가 부모님, 주변 사람들에게 자신의 힘듦에 대해 말하기로 했다. 그리고 원래 있었던 곳으로 돌아가기로 결정했다. 건강하게 자신을 돌볼 수 있는 가장 편안한 곳으로 돌아가는 것이다. 자기 자신이 무엇을 좋아하고, 싫어하는지부터 앞으로 어떤 일을 하고 싶은지까지 천천히 생각하는 시간을 가질 것이다. 한 번도 자신을 알아가고, 돌보는 시간을 보낸 적 없던 그녀는 큰 용기를 내 쉬기로 했다. 현재 그녀는 불안한 마음들이 아닌 건강한 마음들로 살아가려고 노력 중이다. 평소 생각만 했던 일들에 도전 중이고, 그 어떤 무엇보다 자신의 마음만 생각하며 살고 있다. 먼 훗날에 또 한번 고통스러운 상황이 왔을 때 마냥 무너지는 것이 아닌 이겨낼 수 있는 힘을 기르기 위해서이다.

'I'm trying my best to be okay. 나는 괜찮아지려고 노력 중이다.'

그녀는 이 말을 가장 좋아한다. 힘든 상황 속에서 그녀가 깨닫게 된 것들을 포괄적으로 담고 있는 말이다. 그녀는 괜찮지 않다. 오랜 시간 동안 괜찮지 않았다. 그런 자신을 발견하고, 인정하기까지가 정말 오래 걸렸다. 하지만 그녀는 지금이라도 자신이 느낀 모든 감정들을 인정하며 괜찮지 않은 사람으로 살아가려 한다.

우리 모두 자신이 처한 상황, 느끼는 감정 모든 것이 괜찮지 않고 힘들다는 것을 인지하고 인정하는 것부터 시작하면 어떨까. 괜찮지 않으면 어떠한가. 본인이 처한 상황과 그 속에서 느끼는 감정들을 모두 건강하게 받아들이는 것이다. 그리고 위태로운 상황이 왔을 때 스스로 이겨내는 법을 꼭 찾아가며 살아가야 한다. 자신이 어떤 사람인지 알아가는 것부터 시작해 자신의 마음을 돌보며 이겨내는 법을 찾아갔으면 좋겠다. 자신만의 방법들로 꼭 자신과의 싸움에서 지지 않았으면 좋겠다.

이 세상에는 책의 주인공과 같은 사람들이 많이 존재할거라 생각한다. 하루하루를 위태하게 살아가며 불안한 감정들로 밤을 지새우는 사람들. 지금, 이 순간에도 고통스러워하고 있는 사람들. 그들에게 감히 위로와 존경의 마음을 표하고 싶다.

"수많은 고통스러운 감정들 속에 견디느라 정말 수고가 많습니다. 하루하루 견디며 살아가 주어 진심으로 고맙습니다. 그리고 존경스럽습니다. 언제 끝날지 모르는 힘든 상황에서 우리 꼭 이겨냈으면 좋겠습니다. 자신과의 싸움에서 지지 않았으면 좋겠습니다. 그리고 저 포함해 모두가 쉽게 지지 않을 것을 확신합니다. 의외로 우리의 세상은 아주 강하게 우리를 감싸고 있으니까요. 항상 응원하겠습니다. 진심으로 바랍니다. 편안한 날들이 지속되길."

이번 주 토요일에 시간 어때요?

발행 2022년 9월 20일
지은이 화운담, 둥글, 서현경, 최나리, 정동오, 한, 송승민, 설지수, 보라
라이팅리더 현해원
디자인 윤소정
펴낸이 정원우
펴낸곳 글ego
출판등록 2019.06.21 (제2019-000227호)
주소 서울특별시 강남구 테헤란로216, 12층 A40호
이메일 writing4ego@gmail.com
홈페이지 http://egowriting.com
인스타그램 @egowriting

ISBN 979-11-6666-171-6